길섶에서
마주친
　　이야기

길섶에서 마주친 이야기

초판 1쇄 발행 2024년 12월 18일

지은이 노준섭

펴낸이 임병천
펴낸곳 책나무출판사
출판신고 2004년 4월 22일 (제318-00034)

주소 서울시 영등포구 신길3동 325-70 3F
전화 02-338-1228 **팩스** 0505-866-8254
홈페이지 www.booktree.info

ⓒ 노준섭 2024
ISBN 978-89-6339-740-5 03810

*이 책의 판권은 지은이와 책나무출판사에 있습니다.
*양측의 서면 동의 없는 무단 전재 및 복제를 금합니다.
*잘못된 책은 바꿔드립니다.

길섶에서
마주친
이야기

노준섭 시집

책나무출판사

| 시인의 말 |

    계절이 지나칠 하늘은 바라볼 새도 없이 떠나가는 것들의 소식만 뒤켠으로 듣는 시간 속에 있는 것 같습니다. 시를 쓴다는 이유로 계절에 공감하는 접점이 다른 이들보다는 조금 더 한 삶을 산다 여겼는데 이 즈음은 그 계절조차 마주할 여유를 놓고 사는 것 같습니다. 어쨌든 사는 모든 순간에 시와 함께하는 삶을 사는 것이 시인이라는 타이틀을 가진 사람의 숙명이고 시집을 낸다는 것은 그 흔적을 기록하는 작업인지도 모르겠습니다. 세 권의 시집을 내고 그때마다 커지는 부끄러움으로 더는 책으로 묶을 자신감을 잃어가곤 했는데, 또 역시나 나의 가장 든든한 뒷배인 아버지의 독촉이 핑계가 되었습니다. 그동안의 흔적들을 모닥여 정리를 하면서 부끄러움으로 내미는 이 시편들이 다만 몇 사람의 가슴에라도 다가설 수 있기를 소망해 보지만 그것은 또 숙제가 되겠지요.

    가을입니다. 이제 익어진 계절이 11월을 지나칩니다. 벌써 스무한 해 전 이즈음 우리 곁을 훌쩍 떠나가버린 천사 같던 조카 시윤이가 더 그리운 즈음이지요. 그리고 큰 바다 건너 머나먼 나라에서는 이쁘기만 하던 조카아이가 결혼을 하는 즈음입니다. 하나하나 존재가 소중한 사람들이 가족이라는 틀 안에서 그 의미를 다시 새기게 하는 시간들. 쇠해가는 부모님의 세월이 안타깝지만 새 가정을 이루고 사랑을 엮어가는 아이들의 시간이 기껍기도 한. 언제나 나의 응원군이셨던 내 아버지와 어머니. 그리고 또한 든든한 백그라운드 동생들 그리고 내 소중한 자산인 아이들과 조카들. 그 모두의 소중함을 다시 새기며 나의 글 한 줄에 그들에 대한 고마움이 배어들기를 소망합니다.

그리고 또 감사할 이들이 있습니다. 부족한 내 글에 평론을 또다시 맡아준 50년 지기 김부회 시인평론가와 문인선 교수님 안철수 작가를 비롯한 시작 시그널의 선생님들 그리고 또다시 시집의 표지를 기꺼이 희사해 준 고등학교 친구 노해남 화백!! 그리고 열여덟 편의 삽화를 그려주신 김진희선생님!! 일일이 거론하지 못해도 저를 아껴주시고 응원해 주신 모든 분들 앞에 부끄러운 제 글을 내어 놓습니다.
앞으로도 질책해 주시고 조언해 주시기를 당부드립니다.

2024년 12월 어느 날 衍松 노준섭

| 목차 |

시인의 말 · 4

1부

落花의 辯 · 10 / 배꽃 說話 · 12 / 배꽃 說話 2 · 15 / 히어리 · 18 /
냉이된장국 · 19 / 봄, 잃어버린 것들 · 20 / 봄꽃, 잎새로 날리는 날에 · 22 /
봄동 · 24 / 봄비에 젖다 · 26 / 생강나무꽃 · 28 / 時節有感 · 29 / 0416 · 32 /
오월 · 34 / 늦은 봄날의 그리움 · 36 / 봄밤, 천담에서 쓰는 편지 · 39 /
봄날 · 40 / 봄비 갠 아침 · 42 / 봄나물된장국 · 43 / 고비에서 · 44 /
고비에서 2 · 46 / 가난한 봄 · 49 / 서도역에서 · 50 / 어매의 세월 · 52 / 유월 · 54

2부

Lost paradise · 58 / 너의 주문 · 60 / 紅梅下 · 62 / 離鄕 · 64 / 母情의 세월 · 66 /
별주부 타령 · 68 / 생일 아침에 부르는 思母曲 · 70 / 失樂園 · 72 /
역적의 세상 · 74 / 오징어의 꿈 · 78 / 폐역에 서서 · 80 / 訃告를 듣다 · 82 /
흰옷 입은 노인의 독백 · 83 / 歸鄕 · 86 / 離緣 · 88 / 아버지의 눈물 · 90 /
밤 건너기 · 92 / 쌍무지개 · 94 / 愚問無答 · 96 / 月下梨花 · 98 /
저녁 풍경 · 100 / 만복사 저포기 위해 · 102 / 늙은 부부 · 104

3부

가을 · 106 / 詩月 · 107 / 9월 · 108 / 등 뒤에서 쓴 편지 · 110 / 默言之約 · 113 /
아버지 · 116 / 어느 위안부의 독백 · 118 / 유월哀歌 · 121 / 어떤 귀향 · 124 /
오월, 어느 어머니의 탄식 · 126 / 유월야화 · 128 / 인연의 무게 · 130 /
춘곤 · 132 / 풍령 · 134 / 하늘 그네 · 137 / 混夢中 · 140 / 계백에게 묻노니 · 142 /
늙은 우체통의 고백 · 144 / 솟대의 꿈 · 147 / 離鄕 · 150 / 머나먼 고향 · 152 /
어느 빨치산의 기도 · 154 / 전철역에서 · 157 / 어매의 손 · 158 / 울 엄마 · 160

4부

11월 · 164 / 11월 2 · 166 / 11월 3 · 168 / 둥지 연대기 · 169 / 인생길 · 172 /
인연 바라기 · 174 / 중년의 바다 · 177 / 미틈달 · 180 /
이름 없는 영웅에의 獻詩 · 182 / 노을은 왜 붉은가 · 184 / 摩耶姑衣 · 186 /
운수 좋은 날 · 188 / 思母曲 · 190 / 서어나무 숲에서 · 192 / 설날 전 · 194 /
설날 후 · 196 / 찢긴 3월에 · 197 / 詩路 · 198 / 어느 어미의 哭 · 200 /
어떤 歸天 · 202 / 석순 피는 계절 · 205 / 시절, 그리움 · 206 / 첫눈 · 208 /
옛동무 안부를 묻다 · 210 / 오메 바람들졌네 · 212 /
빗방울변주곡 · 214 / 내 친구 해남 · 216

| 시평 | 되돌아갈 수 없는 생의 변곡점에서 시인 김부희 · 220

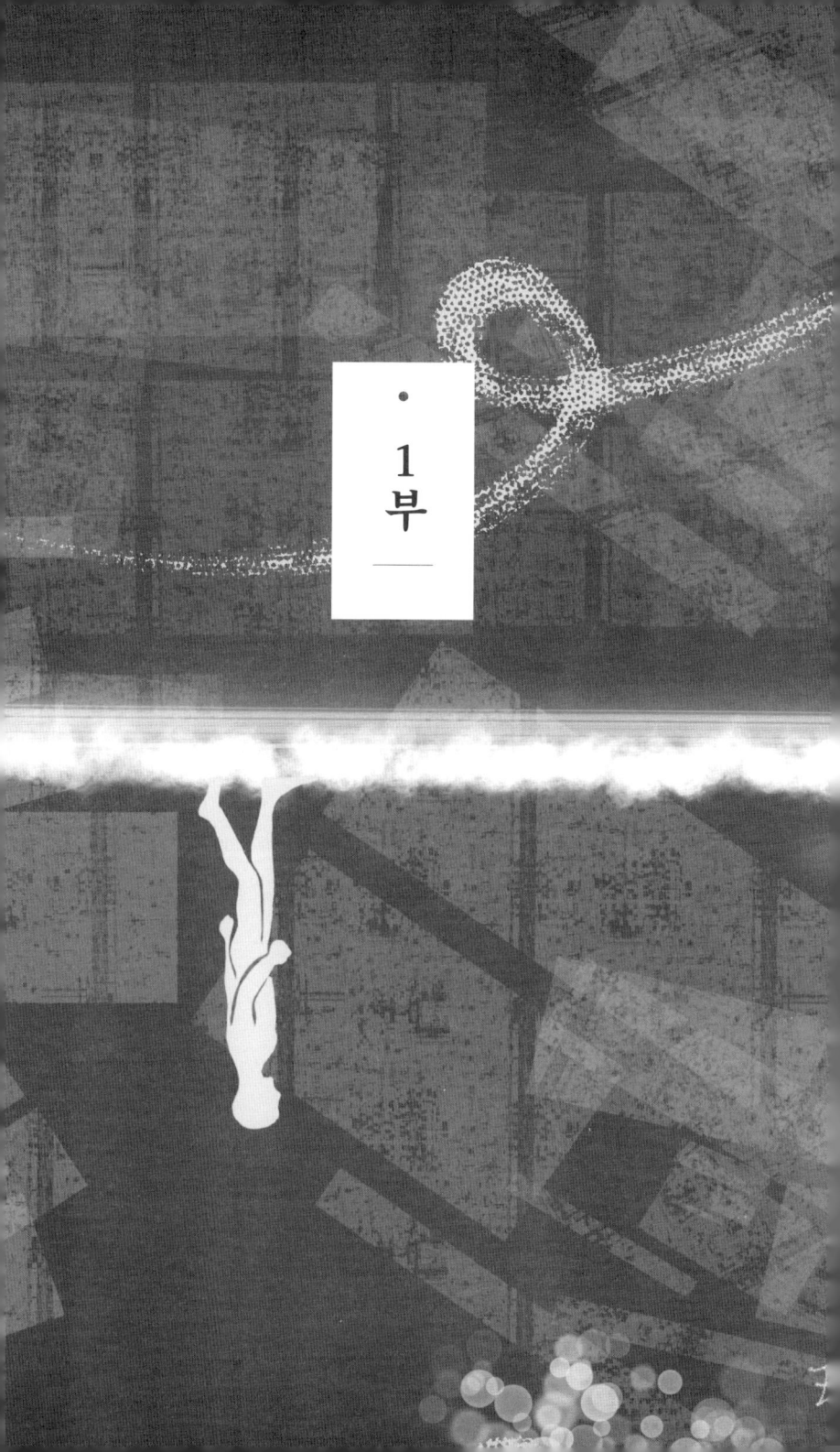

落花의 辯

누가 슬프다 하는가
찬란한 봄날로 지는 낙화

꽁꽁 웅크려 참았더라 냉혹하게 덤비는 계절
부석하게 말라 부서지는 가지 견뎌 혹독함 이겼더라
그리고 비로소 봄
피어 웃을 수 있음이기에
갈라 터진 입술에 적어둔 음률 햇빛으로 비산하였으니
삼동으로 내내 견딘 추위와 주림
잎맥마다 환희로 그린 매 순간의 인고
그리하여 그리 찬란할 수 있었음을
하여 이 짧은 봄날의 환희 온통 부여안아 느끼는 시간 내내
잎새마다 엽록으로 새긴 역사

꽃은 바람으로 지지 않는다
또한 비로 떨궈지지 않는다
무엇으로 꽃잎 지는가

잎새마다 새긴 의미

삼동의 시간 견뎌 그려 넣은 역사
그로하여 피어난 영광 잉태되거든

꽃 비로소 완성으로 지노니

배꽃 說話(여자 이야기)

"하필 그 밤 달빛 푸르고 바람 소슬하더라고"

주름진 눈꼬리 아련함 매단 여인의 표정
이미 먼 기억 찾아 떠났다
세월의 뒤안길에서
지우지 못한 회한이런가
아니 가슴 불씨 지피는 회상이런가

"달빛이 하 수상하여 들창 열었지
바람 미끄러진 강물로 번진 물비늘 아찔한데
절로 밴 탄성 환장하게 피어난 배꽃에 흩날릴 줄 뉘 알았겠어
가슴
가슴이 살 맞은 것처럼 파닥이는데…"

메마른 눈동자에 빛 한 줄기 얹히는가 싶더니
이내 촉촉해진 눈가
꼬리 잡힌 기억 석양으로 뛰어오른 물고기처럼 퍼덕이고 있었다

"무엇에 홀렸었을까
문득 정신 차려보니 배밭 언저리
맨발에 홑겹
어깨 더듬는 바람이 시려 몸서리나는데
가만히 어깨 덮는 옷가지 그리고
온기 가득한 숨결
그만 정신이 아득하여서"

촉촉하던 물기 어느새 눈물방울 되어 주름 타 넘고
격해진 감정 추스르려는지
작고 거친 손 들어 왼 가슴 살며시 눌렀다

"불기둥 하나가 전신을 태우고
배꽃 이파리가 천지를 휘도는데
그렇게 한 밤
그 달 다 지도록
꿈 지피고
그리고
기약도 없이"

그리고 짙어진 회한
회색빛 눈동자 채웠다
또 한 방울
굵어진 눈물방울
훔칠 요량도 없는지

"세월이, 세상이 하 수상했었지
가난이 죄 고
그럼에도 똑똑한 것이 더 큰 죄였던 거지"

검푸른 바다에 빠져버린 듯
침잠으로 가라앉은 늙은 여인 숨 한 가닥

봄, 밤 저절로 깊어지는데
창밖 배꽃에 나린 달빛 요사하게 푸르렀다

배꽃 說話 2 (남자 이야기)

"가슴에 불화로 온 정신 태우던 때였지
턱없는 아버지의 꿈
당신 삶에 자식은 없게 하겠노라
소작에 젊은 육신 탕진해 내게 목맨 아버지"

"배워야 한다
너는 나처럼 살지 마라"

"가난한 집안 세우겠노라
입신양명 꿈꾸었으나
지식은 세상을 바로 보는 눈을 주더라고"

사내의 눈매 문득 아련해졌다
거친 입술에 피워 문 담배 연기 푸르게 피어올랐다
기억 속 어느 밤 달빛처럼

"이리 밀리고 저리 채이다 돌아온 고향
머리 식히겠노라 달빛으로 나섰지
발길 저절로 닿은 자리
홀로 그리운 사람의 창 아래

홀연히 바라다 말도 못 하고 돌아서려니"

불숨 다 토해 낸 담배 무심히 던져버리고
또 그니의 표정 아득해졌다
마치 손 내밀면 만져질 누군가 눈앞에 있는 것처럼

"무엇에 취했을까
옷차림도 느끼지 못하고…"

"서로 달빛에 젖어
여린 물안개에 감겨
거친 숨으로 대화하던 그 밤
어이 달은 온 밤 그리 수이 갔는지"

또 한 개비 담뱃불 지피고
그니의 얼굴 벌겋게 익었다

"그리고 나는 산으로 들었지
죽창 하나 깎아 들고
이대로는 오르지 못할 나무

세상 바꾸면 혹여 하는 간절함으로
그런데…"

"세상은 요지부동인데
세월은 그 밤 달빛 같아서"

긴 숨 따라 흩어진 연기 달빛으로 숨는데
먼 시선에 걸린 강물 위
달빛 머금은 배꽃 춤추고 있었다

히어리

그거 알아?
봄눈 녹으면 비로소 길어 나는 마음
갈피 없는 이유로
층층이 쌓아 피워낸 수줍음
그래서 낯선 이름 히어리

냉이된장국

늙은 어매 아들 집 오는 길 빈손이길 부끄러워하셨다
봄비 촉촉한 길 우산 없이 보퉁이 든 어매
주름진 손 들린 보자기 크고 무거웠다
잔설 덮인 논배미 파랗게 돋아난 냉이
어매 마음 잰 손길보다 부산했겠지
꼬부라진 허리로 하늘 지고
평생 놓지 못하는 자식 걱정
밥 굶지 않는 세상 살아도
자식 입 채울 한 숟갈 따사함 위하여
잔설 헤집었으리

늦은 밤 부엌에서 퍼지는 냄새
잠들지 못한 이유로
펼친 술상에 놓인 어매 냉잇국
찬비 애절한 창가 앉아
한 움큼 입안 퍼지는 봄 내음 지려서 왈칵 솟구치는 눈물
술잔에 녹아든 그리움 시려
고마움보다 먼저 달려든 죄스러움
순간 메어온 목구멍으로 뱉어낸 그리움 덩어리
어머이-

봄, 잃어버린 것들

제비 오지 않는다
흥부 박씨
놀부 박씨
물어다 주던 제비
어느 날
놀부 뺨치는 세상인심
언젠가부터 다시 오지 않는다

삼월 삼짇날
세상 따라 날씨도 변해
봄, 어디서 혼을 빼앗겨
꽃샘추위 속 잠시 왔다
꽃무리 어드메로 가고
뿌연 하늘 아래
잎새 그새 푸른데

벌 나비 또 어디로 갔나
때는 춘삼월 호시절이건만

더불어 어울려 살아갈 세상

누가
무엇을
어떻게 하면 돌아올까
제비 벌 나비

너도 알고
나도 아는
너도 하고
나도 하면 되는

제비도 벌도 나비도
아무데나
아무렇게나 춤추는 봄

봄꽃, 잎새로 날리는 날에

　누이 다녀간 뜨락에 오도마니 봄볕에 몸 맡긴 어머니 시선으로 아지랑이 맺혔다
　누이는 여문 손길로 집 안 구석구석 매만져 두었다
　말끔하게 비질 된 마당에 왔다 간 누이 흔적처럼 떨궈진 꽃잎 차마 이별 인사 하지 못하고 서성였다
　물설고 땅 선 이국의 삶 스무 몇 해나 살아낸 누이
　그만큼 쌓아둔 그리움 쟁여 들고 나타나 마른눈 축축이 젖게 하고
　한 달 하루처럼 지내다 또 보자는 허망한 약조 남겨 떠났다
　살아 다시는 못 볼 이별
　내일 다시 올 것 같은 표정으로
　아슴하게 멀어지고 나서야
　어머니도 누이도 내놓지 못한 눈물 굳이 삼키지 않았다

　노인의 눈물 찬비처럼 춥다
　살아온 시간 빙하처럼 녹아든 것처럼 주름골 타 넘는 눈물 섧다
　만년설 덮인 머리 굽어진 몸뚱이 남겨진 시간 가늠한 탓일지

유독 서글픈 이별 앞에서
또 보자는 누이의 말 차마 가시였을까
터져 버린 눈물샘 어찌하지도 않고
떨어진 꽃잎 바라 쏟아내었다

정녕 서러울지라도 이 이별 다시 한 번 하는 날
어머니 살아 계실 적에
꼭 그리되었으면

바람으로 흩날리는 봄꽃 잎새 이별 인사 없이 휘돌아 떠나고 있다

봄동

어머니
햇살이 강아지처럼 뛰어다니는
봄 오는 온날이에요
아지랑이 머리 푼 어머니 텃밭에
이랑 더듬는 손길 따라
파란 숨결로 돋는 몸짓이
새색시 그것처럼 수집어
괜시리 설렘 한 움큼 박동으로 뛰는
2월의 한낮
온통 부신 날 무시로 터지는
왠지 모를 조바심이 시려
물색없는 엉덩이 주체가 겨워
남녘 어디쯤 햇살밭에 몸 기대고픈
기대 하나 자꾸만 가빠와서
나는 그만 들창 열어젖혔어요
폐부로 들어차는 생기발랄
툭 터져버린 탄성
훅 털어 뱉어내고서
꽃마리 봄까치 실눈으로 웃는 모습 보고파
종종걸음 나들이로 나서

햇살로 걸어갔어요
어머니 당신은
헐벗은 이랑 헤집어
또 한 해 약속 파종하시올 봄
나는 철없이 터지는 흥에 겨워
어머니 젖가슴 같은 들녘으로 나서고 말았어요

봄비에 적다

오래된 바닥 삐걱이며 걷고 있는 시간
정지된 괘종시계 앞에 서서
잊어버린 사람 떠올려 보라고 채근하는 마루 위
서산 걸린 해 토해낸 붉은 숨 줄기 다가들었다

항상 이맘때 지게에 지친 하루 짊어지고 들어서던 주인
사립문 밀다
짊어진 노을의 무게 견디지 못하여 무너졌다
고여오는 어둠 통곡으로 마루턱 넘고
금 간 유리 사진틀 몸 기울여 배웅 인사 남겼다
초 칠한 마루 쿵쾅대던 아이들 뜀박질 그리워하다 탄력 잃어 거친 낯 쓰다듬었다
　시나브로 들러간 바람 온기 놓고
　달빛 여윈 창틀 시름에 몸 비틀고
　새벽이슬 돌담 허물며 스러져 갈 때
　울 아래 봉선화 화단 둘레돌 꽃물 들여 기다리는 마음 새겨두었다

　무심한 시간
　무정한 사람 기다리다

개울 건너 산 다랭이 잡풀로 집 지은 무덤가
이제 가면 언제 오나 요령 소리 따라 떠난 사람만
개울 넘어 주체하지 못한 그리움으로 허물어지고 있는

간난한 시절
그럼에도 돌담 넘어
벚꽃 이파리 터지듯 넘나들던 웃음소리

예서 이토록 기다림에 지쳐 애가 타는데
혹여 어디서 길 잃어 오지 못하는 것은 아닌지
어느 날 봄 틈 사이로 비라도 내리면
젖은 잎새에 그렇드란 사연 한 자 적어 보내면

혹여

생강나무꽃

나른함 겨워 노랗게 밀려나는 기색
나무 꽃이에요
산수유라 하지 말아요
나는 생강나무꽃
생강 냄새 하지만 생강 아니에요

산허리 비스듬히 서서
저쯤에서 봄 오는지
그러다 가장 먼저 환호성 지르는

사랑 고파 뭉텅이 뭉텅이 부둥켜안고
노란 미소 봄 향기로 흘려보내는
봄 처녀 같은 꽃이랍니다

아린 바람 끝에서
봄기운 꺼내 그대 향해 웃는
노란 봄 병아리 같은 나는
수줍은 봄 파수꾼
생강나무꽃이랍니다

時節有感

굳이 가늠하지 않았다
창 닫아 두어도
저 밖으로 흐르는 세월 비껴가지 않아서
오는지 가는지 굳이 엿보지 않았다
무서리로 흩날리는 꽃잎
엷은 창에 몸 부딪는 빗줄기
저마다의 계절로 목 놓아 외쳐도
굳이 왼쪽으로 고개 돌렸다

그랬던 시절 있었다
시간에 채여 허덕이다가
호흡 가다듬던 틈새 어디
행간에 숨겨
틈틈이 새기고픈 추억이라는 입자
하나 또는 두 개
소소해도 눈물 나는 그런
그로하여 넉넉하자고

시절은 강퍅하고 수상하였다
가짜 무당의 사술이

작부 타령에 조작되어
돼지 술잔에 녹아들어
세간을 흉흉하게 만드는 날들

봄 꿈처럼 달큰하고
여름 소나기처럼 시원하고
가을 하늘처럼 높푸른
누군들 그런 날로 엮은 삶 바라지 않을까

그것이 차마 꿈이어서
유리된 현실 아득하여도
부딪겨 스러짐이 더욱 두려워
고개 돌려 창 닫아 두면 스쳐 지나치려니

하나 삶은
그러나 세월은
비켜 지나쳐지는 것이 아니더니
이제 눈 부릅뜨고
두 다리 힘주고 서서
와라 세월아

덤벼라 세상아

나 여기
의지로 서 있으리니

0416

4월 16일 비 온다

어제 바람에 꽃 진 자리
서러운 기억마저
굳이 잊기 강요하는 사람들

촛불 이미 꺼졌다
불 꺼진 초
심지마저 잘려
세상 그대로 망각의 유희로 젖었다

노도 되어
거리 삼켰던
불 물결
기억 건너
다시 오기 거부하고

꿀 탐하다
꿀통 빠진 사람
벌 쐬는 건 당연한 이치

봄비 아래서
우는 바다 목소리 듣는다
인양되지 않는
꽃들의 영혼
이 땅의 정의
몸 부비며 우는 소리

오월

구도심 한 켠 오래된 지붕 인 전당포

간판 받침 하나 저당 잡혀 저당포가 된 채 늙은 몸 간신히 주체하고 있다

색 바랜 기와 비틀린 지붕 위 비둘기 두 마리 궁색한 살림 겨워 급전이라도 땡기려는지 기색 살피다 이내 뒷짐 진 걸음 옮긴다

햇살 승하다

깨진 거울 햇살에 벼려져 거센 살 되어 번뜩인다

날리는 아까시 꽃잎 누렇게 시들었다

이별 뒷자리 남겨진 감정 찌꺼기 같은 꽃잎의 존재 관심 없는 거리로 뒹군다

문 열고 들어가 잉여의 감정 저당 잡히고 싶다는 생각에 비둘기처럼 눈치를 본다

어느새 익은 계절 거기 어디쯤에서 해야 할 일이었다

생각은 계산을 낳고 계산은 망설임이 된다

뒷짐 지지 못하고 초조한 마음 되어 서성이다가 돌아설 때쯤 어디서 들리는 안내 방송

기적 없이 가버린 계절처럼 열차 떠나고 남겨진 사람 모두 썰물이 된다

이별은 저당될까

감정 자꾸만 넘쳐나는데 궁핍 허기로 온다
이제는 망설임 놓아야 할 때
날개 펼친 비둘기처럼 나도 지표에 한 점 찍어야겠지
 한 뼘쯤 길어진 그림자 끌고 나서는 길로 익어버린 봄
햇살 진저리 치며 쏟아져 내렸다

이별 인사 없이 떠나가는 봄

늦은 봄날의 그리움

엄마
봄이 가요
나무마다 매달린 꽃의 미소
기약 하나씩 남기고 바람에 지고
자꾸만 억세지는 보리
푸름이 어지러워
종다리 보리밭 떠났어요

우물물 한 바가지
먹물처럼 번지던 한숨
쪽염 들인 하늘 우러러 길게 뱉어내고
머릿수건 고쳐 매던 당신
목단 화사함 어디 깊이 감추고
유리에 부딪힌 햇살같이 빛나던 피부
둘러 입은 삼베 적삼처럼 그리되었는지

호미 들고 나선 들판
억세게 돋아나는 풀포기 뽑아내며
그 풀보다 억세진 당신
얼마나 가여우셨는지

엄마
사람들은 생동하는 봄이라 해요
꽃 피고 지고
자고 나면 한 꺼풀씩 입혀지는 초록이
새색시 입덧처럼 기꺼워지는

그런데 당신 삶은 어찌
가본 적 없는 타클라마칸 모래언덕 헤매는
거친 바람처럼 메말랐는지

고된 삶 겨운 자궁에 매달려
당신처럼 모질게 목숨줄 잡아
가는 봄 어느 순간을 움켜쥔 내가
거칠게 울어 또 다른 봄 되던 그날

아아 엄마
가는 봄
당신 그려 미역국 한 상 차려 놓고
이제는 추억이 되어 버린 날 반추해요
내 삶 엮은 씨줄 날줄이던

고된 삶 들여다보며
오동꽃처럼 저버린
한 여인의 보랏빛 인생 기억해요

엄마
가는 봄에
영원한 봄 당신 그리워
눈물 한 방울 국그릇에 떨궜어요

봄밤, 천담에서 쓰는 편지

하늘연못에서 별 길어 올리는 밤
그물에 걸린 은하수 은분 반짝이는 밤드리
달빛 부서지는 가지마다
복사꽃 앵두꽃 수집은 몸짓
시냇물 노랫소리에 얹혀 춤사위 되고
그 물에 몸 씻어 한결 가벼워진 바람
여기저기 움트는 마음 싹
가만히 어루만지네

속살속살 새로 난 것들이
옹알이로 뱉어 놓은 작은 소란
반딧불 불빛처럼 번져
그런 연유로 잠 못 드는 가슴
여린 꽃잎 한 장
백날 밤 쟁여둔 사연 모조리 적어
바람 우체부에 입술 우표 찍어 전할 양이면
봄밤
그리움으로 피는 맘
알아나 주시려는가

봄날

아버지 낡은 구두 굽 닳았다
삼십 리 신작로 더듬어 새벽장 나선 아버지
자전거 짐받이엔 검정 고무줄에 묶인 암탉 동그란 눈 영문 묻고
낡다 지쳐 늙어버린 양복 봄볕에 기지개 켰다
장에 가면 눈깔사탕 사다 달라는 막내와 약주 많이 마시지 말라는 어매 당부를 매달고 아직은 찬 새벽 열고 나섰다
외톨이 된 수탉 온 마당으로 홰치고 어미 잃은 노란 병아리 줄줄이 맴도는데 여기저기 물오른 나뭇가지 더듬던 바람 텃밭에 엎드린 어매 귀에 무슨 말 속닥였는지 손 가려 해 가늠하다 긴 한숨 쉬었다
막내 기다림 길어지고 속 모르는 해 붉게 저물었다
눈깔사탕 생각에 수제비 타박하다 기어이 울음보 터지고도 사립문 넘어 자전거 소리 들리지 않더니 기어이 어느 산에서 소쩍새 울었다
기다리다 지친 아이들 잠들고 호롱불에 양말 깁던 어매 긴 하품 끝으로 고저 없는 노랫소리
타령인지 한탄인지 비틀대다가 어매 어깨에 기대 와르르 무너졌다

영문도 모르고 알아듣지도 못할 말들이 손짓에 매달려 허둥대다가 스러지고 이내 잠든 아버지 옷을 타박으로 벗기던 어매
　불룩한 주머니 더듬다 이내 굳었던 얼굴이 풀렸다
　누런 종이봉투에 커다란 눈깔사탕 한 움큼 그리고 옆집 째쟁이 일수 엄마 자랑하던 화장 크림 한 통
　그렇게 예정에 없이 따뜻한 봄밤 깊어가는데
　댓돌 아래 아버지 연세 많은 구두 진흙 굽 높게 매단 채 긴 하루 되작이고 있었다

봄비 갠 아침

간밤 봄비
얼마나 달큰한 목소리였는지
노처녀 영이 집 목 긴 목련
부끄러운 줄 모르고
함박웃음 터뜨렸네

밤새 바람
얼마나 간지러운 몸짓이었는지
노총각 철수 집 울타리 개나리
염치도 눈치도 모르고
왁자하게 웃고 있네

여기저기
나 몰래 무슨 사연 있었길래
한 밤 새고 나니
천지가 웃음바다인지
달달하고 간지러운 그거
나도 좀
그럼 안 되겠니

봄나물된장국

아들 생일
나물 된장국 끓여오신 어머니
아지랑이 꼬물대는 논두렁
우렁 껍데기처럼 엎드려
냉이며 달래며 쑥
무뎌진 손 놀려 뜯어내는 내내
겨우내 굳어진 뼈마디
삭정이 부서지는 소리로
꼼지락거리기 싫다 아우성쳐도
무슨 주술에 걸려
바람 찬 들판 헤집어 그랬는지

꽁꽁 보자기에
살살 애기 보듬듯
그리 안고 오신 봄나물 된장국
염치없이 달게 넘기는 목구멍으로
울컥 치미는 너는
그래도 한 가닥 죄스러운 마음이런가

고비에서

아침이슬에 씻긴 햇살 담뿍 받으며 모래 산 오릅니다

여기는 고비
굽이굽이 낯설고 먼 길 달려
간밤엔 쏟아지는 별 무리 더불어 꿈꾸었습니다
밤새 쏟아진 별들이 잠시 모래 산 모래 틈새 숨어 햇살 노니는 동안 또 다른 꿈 꾸며 잠들었을 게라고
이제 고비 떠나며
어젯밤 황홀경에 대한 감사 인사 한마디
살째기 고백처럼 남기고 싶어서
어머니 다림질해 놓은 바지 주름 같은 능선 위 걸어 올라갑니다

어제 별 보며 소환한 윤동주 백석 이상 그리고 또 별을 노래한 모든 시인
그리고 작은 별 B-612 어린 왕자
사막여우 노란 뱀까지
다시 되뇌이며 불러보는 이름 중에는 어머니 그리고 당신
그렇게 봉우리 하나 남겨둔 등성이에 서서
어제 탄성 더불어 바라보던 풍경 위에

아쉬운 마음 점점이 흩뿌려두고 돌아서는 귓가로 살가운 바람 한 점 달겨들어 살고시 묻습니다
　이제는 아쉬움 가득한 가슴 어쩌지 못하고
　지키지 못할 기약 하나 간절히 남기고
　푹푹 파고드는 모래 꾹꾹 눌러 밟으며
　다 털어내지 못한 고백 뿌려 두었습니다

　이제 또 황야 달리며 지평선 닿는 자리마다
　가다 스치는 별 무리 같은 양 떼 말 떼 그리고 낙타들까지

　언제쯤 당신에게 털어놓을 나의 고백 묶음 보따리 보따리 채워두려 합니다
　고비의 뭇별 시인의 노래 꿈 어머니
　그리고 사랑 하나로 별에 닿고픈 사람
　오늘 밤도 고비엔 별 사막에서 채울 꿈 아득히 뿌리며 무더기로 질 터입니다

고비에서 2

문득 낙타 고향 어딘지 궁금해졌다

고비
내가 가졌던 꿈 일부 앗아갔다
광활 떠올려 도착한 커다란 모래밭

사막 가운데서 길 잃고 싶다는 꿈 하나가 깨져 모래 속으로 사라졌고
모래폭풍에 길 묻고 싶은 욕망 또한 이슬로 스러졌다

모래언덕 올라 바라다본 석양 가슴 후비고
모래밭 누워 바라본 밤하늘 별 어릴 적 기억 소환하지 않았다면

사막여우 울음 아쉬운 밤 건너
어제 가슴 후빈 해
또 한 번 헤픈 웃음으로 건넨 인사 첫 몽정보다 짜릿한 흥분
그것이 아니었다면

사막 한 귀퉁이 열 지어
호객에 이끌려온 이방인들의 엉덩이 아래
콧방귀 날리던 눈 큰 짐승의 존재 따위 관심도 없었겠지만

깨져 스러진 꿈
그 대신 심장에 각인된 황홀한 기억들이
고비사막 모래알만큼
밤하늘 별만큼
또렷한 추억 된 이후

눈썹 긴 짐승 눈망울에 맺힌 슬픔 문득 가여워
내 가슴 새긴 꿈 하나 건네
고향 묻고 싶었다

가난한 봄(貧春)

누가 무너뜨렸을까 그 둑
삭도에 벼린 바람
삼동 견딘 누이 입술 갈라치더니
어느 한 날 우수수
쏟아져 내린 꽃무리

꿀벌 혼몽 중이고
나비 그물고치 여지도 못했는데
어느 신의
실수인지
투정인지
직무 유기인지

웃어도
나부껴도
어딘지 허전한 팔삭둥이 같은 봄
천지사방 백화는 만발인데
춤도 노래도 없는 잔치

꽃잎 그늘 새겨지는고나

서도역에서

기다림 놓아버린 빈 역사 기와 위로
석양 부서져 날렸다
이별 배우지 못한 참새
동백 울타리 넘나들며 짓이 나고
역 마당 철길 넝쿨장미 시선에 목마르다
오래된 벚나무 호위병처럼 늘어서서
녹슨 기찻길 흔적 더듬다 지치는데
어미 품 떠나려는 딱따구리
호기심 그득한 시선 번잡하다
온종일 하늘길 걸어온 해
서산에 걸려 발간 얼굴로 아쉬운 인사 하는데
전년의 기억 더듬다 그리움에 빠져버린 객
철길 더듬어
갈 수 없는 나라
아이 날리는 연 꼬리에 매달려
행여 그리하면 닿을 수 있을지
부질없는 상념에 목마르다
침목 하나마다 그립다 적어
행여 기적 울리는 어느 날이어든
꼬리 긴 기적에 그 마음 날려나 봤으면

모든 것이 아쉬운 시각
아쉬움조차 내어놓기 더 아쉬워서
입안에 쌉싸름한 버찌 내음 가두고 길로 나섰다

어매의 세월

모퉁이 돌아 꽁지 빠져 버린 버스에 설운 자식 태워 보내고
어매는 호미 들고 비탈진 밭으로 갔다
때절은 수건으로 이마 가린 건 가을빛 까만 얼굴 더 태울 걱정 아니었다
구겨진 천 원 지폐 몇 장 간신히 빌려 쥐여준 설움
자꾸만 목덜미 치는 까닭
행여 눈물방울 뉘 볼세라

비탈밭 잡초 어매 삶만큼이나 억셌다
괜시리 울대 타고 넘는 울음 삼키려 호미질 자꾸만 거세지고 터지는 한숨
욕설되어 풀더미로 올라앉았다
가난은 호미로 파내지지도 않고
가래로 긁어지지도 않았다
비탈진 밭에 무엇을 심은들
서마지기 논 아무리 피서리 한들

초가지붕 올라앉은 박속엔 흥부의 전설 대신 어매의 처녀 시절 속살 같은 서러움만 꽉꽉 들이찼다

늙은 호박만큼만 풍족해지기를
어매의 한숨이 박꽃처럼 달빛에 실리고
달 속에 계수나무도 떡방아 찧는 토끼도
어느새 한숨에 지워진 처녀 적 꿈
고단한 세월 꿈 지워 검은 주름으로 새겼다

살아온 것 세월이라 말하지 마라
어매의 삶 자식에 매인 빚가림에 지나지 않으니

유월

삼동 지나 봄 다 익을 때까지
늘 푸르던 보리
꽃뱀 뒹굴다 떠난 이후
흩뿌려진 밤꽃 향기로 색 바랬다
경칩 이후 봄 다 바래질 때까지
보리 숲 헤매던 유혈목이 타버린 욕구
죄 밤꽃에 옮겨붙은 까닭이라고
달빛 디뎌 다듬질하던 젊은 과부
기어이 보퉁이 끼고 모퉁이 돌던 밤
보릿대 타는 냄새 현기증으로 울었다

내내 푸르기만 하더니

어매 한 함지 보리 가마솥에 쪘다
소쿠리에 담긴 거무튀튀한 알갱이
입안 떠도는 간절함이여
마른버짐 그득한 볼따구
미어지게 욱여넣은 초라한 탐욕이여
삼베 바지 방귀 소리로 새어버릴
초여름 밤 향연이여

소쩍새 타버린 목 부여잡고
산그늘 어디론가 가고 나면
들창문 비집는 달뜬 숨소리
사립문 밖 자귀 요사시 웃었다

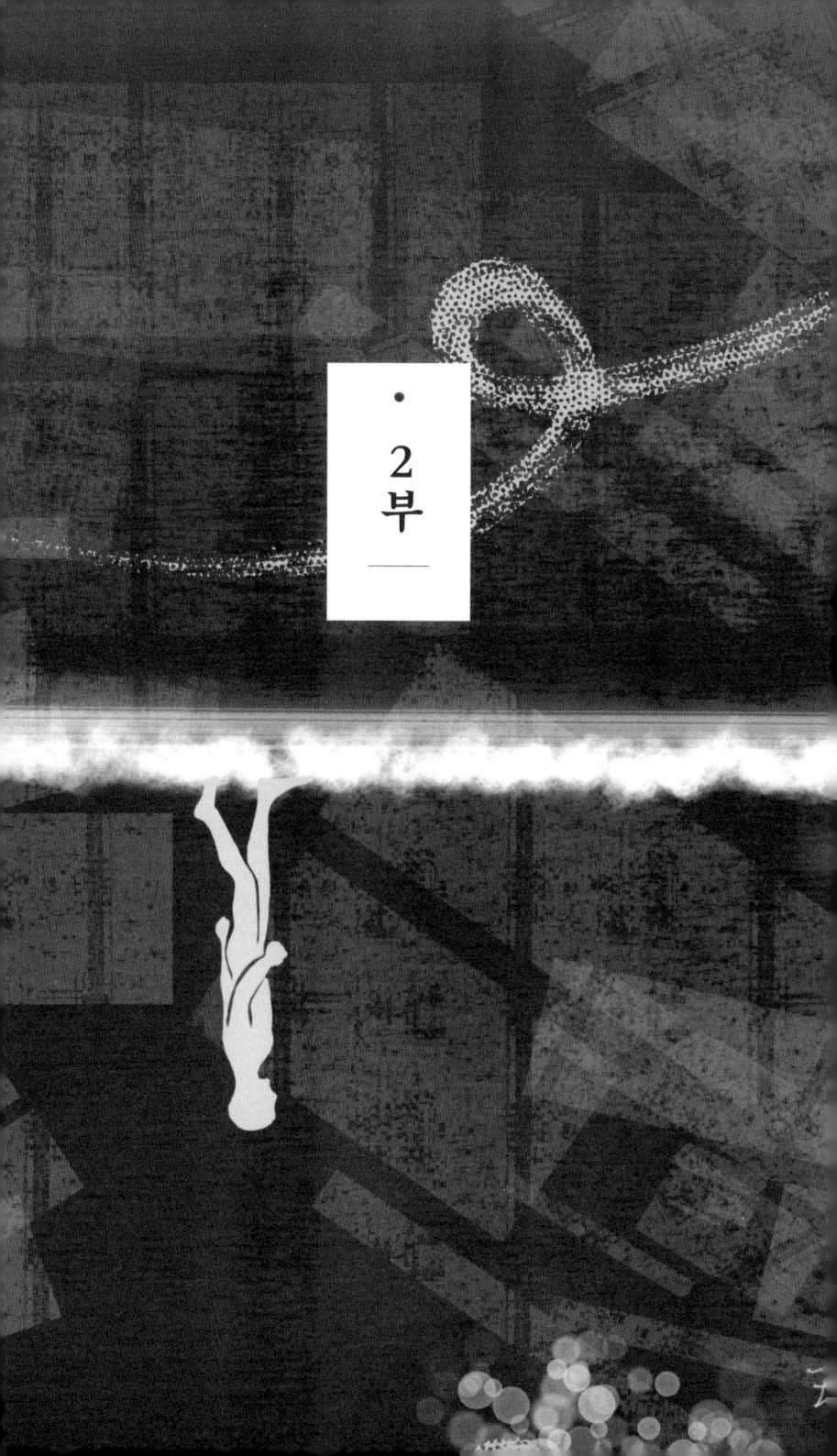

Lost paradise

코끼리 잡아먹은 보아뱀 그려 놓고 아이 물었다
이것이 무엇으로 보이나요

이치 간단하다
해 뜨고 해 지면 하루 가는 것
그러나 삶은 간단하지 않다
하루의 일상 늘 같은 틀에 굽혀지는 붕어빵 같지만
상처받고 분노하고 위로하고 웃고 우는 여러 가지 사연
담아 반죽 된다는 사실
그렇게 어른 되어지고
그렇게 이치에서 멀어져간다

장미 시들고 시선 끊겼다
달콤한 거짓말 낙화로 지는 꽃잎처럼 흩날렸다
그렇게 늙어져 가고
그렇게 석고처럼 굳어져 갔다

길들여진 여우 휘파람 소리에 분단장하고
밀밭 바람 소리로 시 읊는 법
그러나 세레나데는 종종 담 넘어 울타리 지나친다는 사실

물조리는 작은 화분 위에 머물 뿐
비처럼 세상 적실 수 없다
그러나 모든 인간은 종종 본분 망각하는 존재

별은 수십억 년의 세월 존재해 왔지만
너 위한 노래로만 의미 있다는 것
정작 너는 아지 못하고
코끼리 삼킨 보아뱀 모자가 되고 산이 되고
그렇게 멀어진 꿈의 나라

너의 주문(呪文)

휘파람 불어주세요
말간 시선 매단 앙징맞은 입술 나비 같다

먼 기억 모퉁이 돌다 놓아 버렸는지
계절 까마득한데
물방울처럼 터지던 웃음
너의 기억 어찌 그리 밝은가

무에 그리 고파서 청춘 날마다 갈증이었다
푸름은 푸름 그를 위하여 날마다 신열로 타올라야 했기로
밤마다 별빛 바다 헤집어야 했고
그로하여 갈피 없는 매 순간에게 나름 의미 부여하기도 했다
찬란함 속에서의 미로 그런 까닭으로 더욱 난만했고
길 잃은 영혼의 방황 모든 것이 간난했다

휘파람 불어주세요
시선 깊이 공허 감춰 두고 파리한 입술
장다리꽃 찾아 나는 배추흰나비같이

봄은 덤으로 오는 계절이 아니다
지독한 성장통 겪고서야 비로소 책임 부여되듯이
불현듯 나타난 미소 아득한 이유

바람 한 줄기 마른 가지에 머문다 하여
비로소 봄 아닐지라도
시새운 칼끝에서 두렵지 않은 빌미되리
하여
나풀나풀 가녀린 주문 하나
휘파람 불어주세요

너는 봄
그로하여 환하게 일어서는

紅梅下

어찌 저리 턱 없이 붉은가
절집 기와 세월 시려 튀튀 한데

새벽바람 벼린 풍경
이슬로 씻겨 낭랑한데
번뇌 어제처럼
질긴 독경 읊는고나
절집 뜨락 매화 심은 까닭이야
마음 씻어 정결하라 그랬건만
잎 저리 붉어
춘심 낭창할 냥이면
백 번 읽은 심경 어디 맺힐 것이며
천 번 외운 독송 무엇 헤칠 것인가

골골 화심 풍성할 즈음
비워 해탈 그만두고
마음 따뜻한 온기
사람의 정 채워보면 어떠리

離鄕

울음 긴 바람에
가파른 고개 오른 입김 찼다
가장자리 피난민처럼 줄지어 고개 숙인 사람들
발목에 사슬 채운 듯 걸음 더디고 어지러웠다
도통암 보살 눈매 같은 그믐달
한숨 소리에 지고
무서리 흰 신작로 찍힌 발자국
애타는 마음 그득히 담겼다

다시 돌아오지 않으리
다짐은 굵은 방울로 발치 꽃 되고
정말 그리될까 두려운 마음 발꿈치 못 되는데
헐벗은 포플러 줄 선 교정
시선 매단 아이
시린 바람에 두 눈 벌갰다

요령 소리 길 잡아
꽃상여 타고 떠난 사람
해마다 그리움으로 오다가
어느 결에 기억으로만 남는 것처럼

행여 그리되면
아니 행여 그리되지 못하면
꽃상여라도 타고 다시 올 수 있을까
그믐달 꺼뜨린 바람 흰 언덕
넘다 미끄러지고 걷다 돌아보며
낱낱이 떠오르는 얼굴
입안으로 떠도는 마지막 인사

짊어진 삶의 무게
새끼들 눈동자 가득한 갈망
어느 하늘 아래인들
질경이꽃으로 필까마는
까만 저 눈 갈증이라도 풀어주고파
그믐 달빛 아래 장독 깨고 나선 길

발끝 돌부리로 걸린 마음
어이 잊으며 살까
서럽고 두려운 심사

母情의 세월

어매 꾀죄죄한 수건 말아 쓰고 비탈밭으로 나섰다
헐렁한 가슴에 매달린 카네이션 오월 햇살이 부서 자꾸만 고개 떨구고
어매 심어둔 콩알 탐하던 산비둘기 산그늘로 들어 날개 접었다
봉우리 어디쯤에서 소쩍새 울고 아까시 흰꽃 무리 바람에 자지러졌다
호미 강파른 몸피로 고단한 일상 토로하다 자갈에 채여 이 물었고 포도알 같은 땀방울 눈썹 타 넘고서야 어매의 허리 고장 난 시계처럼 우는 소리 냈다

머릿수건 훔쳐 땀 닦아내는 손등에 검버섯
굵은 손마디 찌그러진 은반지 어느 해 누이가 사드린 효도선물
마치 세상에 없는 보물인 양 한시도 떨어지지 않더니 그 손처럼 험해졌구나
왜 한 번도 꽃단장한 어매 모습 본 기억 없는지
문득 설워져 눈물 나는데 호미는 무심하게 밭고랑만 헤집누나

너희는 나처럼 살지 말아라
당신의 삶 스스로도 안쓰러웠는지
어느 날 푸념처럼 던진 한 마디
그리고도 새삼스레 돌아보지 않은 어매의 인생

은혜란 심장에 불도장처럼 찍혀서
하루 한 시 잊지 말자 굳은 다짐 하여도
일상은 핑계가 되고 행사는 허울이 되어
부모는 낡은 신발처럼 밀쳐만 지는구나

헤아릴 수 없는 그 마음밭에 뿌리 두고 살아도
자식이란 그런 건지 나라서 더 그런 건지
보는 가슴 시리고 아픈데 돌아서면 잊히는 이유
너도 자식 키워보면 알 거라던 부모의 심정
육십 고개 넘어 머리에 흰 눈 이고 살아도 어이 다 알까
우리 어매 저 사랑

별주부 타령

별주부 눈앞 돌아선 바다 시퍼렇다
꼴깍 마른침 삼겨 돌아보아도 현실 냉정하다
토끼 가소로운 비웃음 남겨 도망쳤다

애당초 이치 간단하였다
토끼를 잡는다
배를 가른다
간을 꺼낸다

포획 이후 그렇게 정해진 것이었다

감언으로 속였으나 이설에 속았으니
다만 이후 간당거릴 나의 모가지

너의 간이 내 목숨이었거늘
나는 어이 너의 말에 귀 대었단 말인가

삶이란 너 밟고 내가 서는 것
이치는 분명 맞닿아 있을진대
너라고 나 밟고 서지 않을까

너의 이설에 귀 기울인 자
어이 나뿐이었을까마는
나는 결정하지 아니하고
책임의 굴레만 쓰게 되는구나

오호 통재라
오호 애재라
그러나 어찌하리
그러니 어찌하리

나는 다만 종에 지나지 않음을

생일 아침에 부르는 思母曲

노모는 침침한 눈으로 팥 골라
새벽 찬 공기 열어 시루 얹겠다
불땀 돋우며 이름 한 번 되뇌고
시루 닦는 손 정성 보태
잘 익은 팥떡 먹음직해지면
다시 한 번 불러 소원 담으리
고슬한 밥 미역국 끓여
소반에 촛불 켜 윗목에 두고
쪼글한 두 손 모으시겠지
빌고 빌어 자식의 앞날
갑자의 세월 다 지나도록
가슴에 엉긴 멍울 되어
천지신명 부처님 불러
이제 무슨 영화 있을 꼬마는

전생 업 자식으로 되었던고
평생 가슴에 맺혀
메마른 늙은 눈에 그늘로 남아
모진 산고
진자리 마른자리

은혜 갚음 고사하고
근심으로 걱정으로만 남았던가

어머니 내 어머니
호호백발의 내 어머니
죄 많은 늙은 자식
사모곡으로 부르는
모란보다 더 고운 내 어머니

失樂園

이 사과 먹어봐요
여인의 붉은 입술 나비 같다
붉은 나비 본 적 없는데

숨결 뜨겁다
여인의 거짓 아름답다고 느꼈다
그리고 이내 거짓 아니라고
이유 찾기 시작했다

낙원 그렇게 멀어졌다
여인 입술 붉은 까닭으로

붉은 입술 토해낸 숨결
거부할 힘이나 능력 애당초 주지 않았다
소돔의 성에서 일어난 행위
결과가 예측되었다손 멈추었을까
지옥불 등에 지고도 붉은 입술의 유혹 거부하지 못하는 이유
여인 내뿜는 숨결 유황불보다 거센 까닭

또한 그로하여 인류 존재하는

다만 존재하는 것 모두 나름의 이유와 가치 지니듯
그것이 주어진 까닭
존재의 또 다른 이유

이 사과 먹어봐요
붉은 입술 불 머금은 나비 같다
거짓 말하는 입술에 기꺼이 속은 나는
낙원을 나선다

모든 것을 던지고 낙원에서 쫓겨나
비로소 사람이 된다

역적의 세상

그거 알아?
포식자 이빨 절대 강하지 않다는 거

음험한 눈초리 검불에 숨어 나약한 목덜미 노리지
그리고는 고양이 걸음을 걸어
은밀하게 비겁하게
공동의 이익 향한 이합집산은 녹슨 가면 가리기 위한 기름칠이야
대개는 슬픈 눈망울 가진
물기 많은 시선 언제나 손쉬운 목표가 되지
누런 이 가녀린 목 헤집을 때 슬픈 눈망울에 담긴 하늘 붉은 카펫 깔아

네가 차벽 타오를 때
너 떨궈낸 물줄기 노인의 복부 뚫고
민주의 폐부 헤집었지
나는 그저 타는 목마름으로 목쉰 주먹만 휘젓다가
무용담에 편승했을 뿐

타락한 영혼 주술 읊어

어느 바다로는 꽃 시들어 별 되는 제단 차려져
미친 여인 위한 광란의 의식 진행되었어
벌건 백주에

위로하지 못한
가난한 영혼
촛불로 켜지고
너는 역적이란 이름의 목수로
너의 허리춤에 걸린 줄자 세상에 대었지

포식자의 광기
피식자의 판단을 흐려
집단 환각을 부르지

가녀린 목덜미
무방비로 내어놓고
용비어천가로 인한 결과
무딘 이빨에 찢기는 아픔

너의 대패가

너의 망치가
너의 못과 끌
너의 줄자로 그어진 금을 따라
다듬어지는 세상은
꽃으로 져 별로 핀 아이들의 세상에서나
가능한 걸까

멋쩍은 미소 뒤에 감춘 너의 열망이
겨우
겨우
허파에 붙은 혹으로 지는 거야
무딘 이빨도 아니고?

나는 그만 이석증이 도져
빙빙 도는 너의 웃음이 어지러워
역적 같은 너의 삶에 탄식만 보탰어

촛불 하나 빈자리는 바람 드셀까?

네가 바라던 세상은 오지 않으려나 보다.
아우야~!!!
나는 이 어지러운 세상에서 네가 그립다 삼만아!!!

오징어의 꿈

오징어 귀때기 떼어먹다가
이 귀 팔랑거렸을 깊은 바다
동해의 짭조름함 핥아먹다가
귀에 매달린 전설 고팠다

열 개 다리 흡반마다 낱낱이 저장한 물살의 감촉
저마다의 자유 기포로 터지는 일상
귀때기로 가르며 헤집을 때 어이 알았을까
어쩌다 밤바다로 떠도는 불빛에 취해서
사바의 구석진 자리까지 와서
불 뜸 뜨고 꼬드라지게 될 줄

하여 매 순간 광활하였을 그의 바다
한낮 목선의 집어등 따위에 꿰뚫린 허무였던가

청춘은 덧없다
인생도 덧없다
나는 언제 귀때기로 방향 잡아 세상 헤집어 꿈꾸었던가
속절없이 지나쳐 버린 날
이제 무엇으로 되돌려 흩날린 꿈 다시 새길까

하릴없이
움트는 파릿한 싹 더러 시선 빼앗기다
어쩌면 청춘 앗겨버렸을 한 마리 오징어 귀때기 짭조름함에 취해서
미안함 없이
서글픔 한 조각 함께 씹으며
네가 잃어버린 전설과
내가 흘려 이제는 빛바랜 꿈 많던 날

오늘도 여전히 푸르고
전설은 어디서든 넘실거릴 바다
꿈인 듯 바람인 듯
귀때기 짭조름함으로 한껏 취했다

폐역에 서서

　철로 끊겨 세월 놓아버렸다
　분주함 덜어낸 속내
　저절로 크는 나무 아래서 때때로 지저귀는 새들의 위로라도 받으면 좋으련만
　버려진 시간 주체하지 못하고 벌겋게 익어만 갔다
　나란히 누운 침목들이 셈법 잊어버린 주판알처럼 처지 잊어갈 때쯤에는 기적소리 기다림도 놓아지려는지
　불현듯 퍼런 물 그득한 하늘로 뭉게구름 피워 달리고 싶은 욕망 따위
　지워도 지워도 저절로 솟아나는 시간
　꽃 피고 지고 눈서리 비로 날려도
　지웠다 다시 새겨지는 소망이어서
　둥지로 드는 새소리 차마 위안이었다가
　낙조 지는 핏빛 어스름이어든 또 아쉬움이었다가
　여명 부우우 일어서는 아침이면 또 하루 지워지는 일상 이런가

　잊히면 잊히는 대로
　지워지면 지워지는 대로
　그렇게 스러져 가는 것이 어디 살아온 삶으로 쉽다던가

대륙인들 거침 있을쏘냐 달리던 날에는
심장 절대로 멈출 일 없다 하였으니
어디 벌겋게 녹슬어 이리 방치될 날 염두나 하였으리
굽은 자리 그렇다 하여 뚝 끊긴 이후
함께 슬어가는 역사 더불어
다만 사라짐은 숙명이라 해도
그래서 잊히는 것이 이리도 설움이려니

내일 태양 아래
나 없음 기억하는 이 누구런가

訃告를 듣다

귀동아저씨 부고 가족 톡에 올랐다
여든일곱 아버지 가슴 훑었을 바람 활자 틈 헤집었다
이제 아버지 고물차에 함께 점심 마실 갈 누구도 없이
낫처럼 굽은 할매들만 남은 동리
뒷도랑 갈라 터진 입술 아려 노래 멈췄다
땡볕 기운 자리에 앉아 재탕 우린 인삼주 유리잔에 따르고
아버지 시선 텅 빈 허공 헤집었다
탄식 같기도 한숨 같기도 한
꼬리 긴 숨소리 잘린 앵두나무 밑동 맴돌다 스러지고
독한 술에 설 우려진 삼 냄새에 취한 아버지 두 눈으로 익은 해 뛰어들었다
오래오래 사세요
거스름돈 쥐여주듯 던져진 안부 인사 한 마디
그리움 고파 앵두나무 베어낸 늙은 가슴으로
외로움 부채질하는 그 한 마디
고랑 깊은 골로 한 방울 서글픔으로 흘렀다

흰옷 입은 노인의 독백

배부른 자들의 놀음 허기 채울 수 있을지
세상의 땅 평평하지 않고
사람 욕구 태산으로 메꾸지 못할 바다 같은 것

새벽 찢은 포성
수탈의 잔재 위로 쏟아져 내리자
영문 모르는 형제 서로의 가슴 겨눴다

산 사람으로 살고자 했던 의지
사람이고픈 욕구였어도
죽창 하나 들고 나서 맞섰던
세상의 벽 너무 높고 가팔랐다

포연 지나친 산하
온통 메우던 곡소리 잦아드는 골로
흰 민들레 홀씨 바람 가리지 않았다
서로 겨눴던 이유로
안부 없이 갈라선 땅 위로

배꽃 흩날리던 언덕 위에

그 봄 남겨둔 언약 어느 바람에 지워졌을까
단지 사람으로 새기고 싶었던 연정

탈 바꾼 이리들의 세상
턱없는 통곡으로도 바꾸지 못하고
맨주먹 붉은 피로
또다시
벽을 타 넘고자 하는가

배밭 언덕 아래로 흐르는 강물이 기억하는 사연들
세상이 편안했거든 다만
꽃송이에 고이 새겼을 하나의 사랑
수레바퀴에 깔려
핏물이었다가
통곡이었다가
눈물이었다가
한탄이었다가

이제는 회한으로 돌이켜보는
가난한 땅

힘없는 정직한 백성의 죄
누천년 역사에 기대 자식에게 바란 원
너는 나처럼 살지 마라
이 또한 굴레런가

歸鄕

모퉁이 하나 저 굽이 돌면
오십 년 세월 눈물로 새긴 풍광
사립문 지키던 누렁이처럼 달겨들 텐데

발바닥 아프던 신작로
고무신 코 쥐어박던 돌멩이
잘 닦인 아스팔트 도로 되어
어인 이유로 그 오랜 세월
그리움 견뎌 그리했냐고
집 나간 자식 기다리는 늙은 부모처럼

박넝쿨 그물 친 초가지붕
산들바람 숨바꼭질하던 돌담
꼬막 껍데기 촘촘히 박힌 고샅길
은모래 조잘대던 앞 냇가
구불구불 띠 두른 논배미까지
기억 지워 버린 동리 풍경 눈이 시려

대추 나뭇가지 호랑거미
노을 잣아 그물집 짓는 황혼 녘

지게 가득 노을 지고 오시던 아버지

어찌할 수 없는 그리움 그 탓에

물큰하게 다가드는 내음새
모두 다 변해
기억에 붙일 무엇이 없어도
어머니 따사한 품 그대로
가만히 보듬어 주는
고향

離緣

스틱스 건너 레테에 이르면
비로소 이승의 연 놓을 수 있을까

하나의 연 완성하기 위해 천 번 도둑질 만 번 거짓말 해야 했으나
고리 탄탄하지 않고
거리 순탄하지 않았다

옷자락에 닳은 돌멩이 얼마나 많아서
어긋난 인연들 이리도 많은지

씩씩하게 팔뚝에 묻은 물기 털어내고
입안에 맴도는 언어 꾹꾹 씹어 삼켰다
삶은 절대로 돌이켜지지 않는 시간 위 여정이어서
후회로 쌓은 시간 정리되지 않았어도
그렇게 지워지리
아득한 바람이여

부질없는 돌 굴리며
시지프스 고뇌 얼마나 진득해졌을까

고뇌에 두 발 묶고
언덕 올라야 했을 탄식으로도
돌이킬 수 있는 무엇도 없듯이

지나친 자리 흘러간 시간이 남긴 흔적
기어이 레테의 강 건너고서야 지워질 터여서

바닥 없는 배에 나 눕히고 노란 향일화 그득히 덮었다
동전 하나 입에 물어 먼 길 떠나고 나면
거기 가서는 잊으리
거기 가서는 지우리

소금꽃 푸른 이생의 연

아버지의 눈물

가끔은 아버지도 울고 싶을 때가 있겠다고

달빛 저문 모퉁이 돌아
저벅이는 발자국 소리 소스라칠 때마다
뚝뚝 끊기는 개구리울음
달진 동산에서 눅눅하게 가라앉은 부엉이 소리
자꾸만 어지러워지는 발걸음 다잡으며
모퉁이마다 전해지는 이야기 떠올려
길 물어 마중가는 내내

소나기 그친 초가지붕 낙수처럼 간헐적으로 아버지 콧노래 동냥치고개 낮은 구비 넘어설 때
  비척이는 걸음에 매달린 자전거 발판 자갈 차이는 소리

열두 살

산에 사는 메아리 배곯아 죽은 젊은 처자 울며 대답하는 소리라고
  달빛 스러진 골짜기에서는 시체 파먹은 여우 고개 넘는다고
  수많은 이야기 신작로 가는 내내 뒤통수에 매달리는

아직은 시오리 밤길 걸어 마중 가기 이른 나이

자전거 짐받이에는 아무것도 실리지 않고
막걸리 한 됫박으로 세상 시름 달래지 못한 아버지의 설움

열두 살

하늘처럼 굳건한 아버지
산처럼 거대한 아버지 가슴
바다처럼 드넓은 아버지 등
그런 아버지
비척이는 걸음과 울음보다 슬픈 아버지 콧노래

괜스레 눈시울 뜨거워져서
"아버지"
울음 터지고 말았던

이제 아버지 나이 넘어서고서야
문득 세상 떠 받치던 아버지도
울고 싶을 때가 있었을 거라고

밤 건너기

별 무리 내려와
소곤소곤 너와지붕 갉아먹는 밤이면
바람 훔쳐 온 밤꽃 향내
들창 흔들어 안간힘 썼어
호롱불 흔들리는 이유
밤 디뎌 끝내 사그라지지 못하고
잠들지 못한 모든 것
온몸 뒤척여 밤 밀어내는 내내
소쩍새 목쉬어 갔어

적삼 바스락 돌아눕다
요요한 달빛에 길 물어
질정 없이 휘도는 마음아
하 너른 단칸방
어느 구석에도 머물지 못하고
가고 싶어라
날고 싶어라
소쩍새 쉰 목소리 부르는 이름

하여 긴 밤

떠도는 마음 어이해
하얗게 바랜 얼굴 달님아
白羅에 걸린 한숨 소리 거둬
총총 서녘 하늘 재촉하여
여명 속히 부르면 어떠리

가슴 자리로 숨은
밤꽃 향기 젖은 숨결
혹여 햇살이어든 녹여질까
달도 별도 벗 되지 못하는 시간

휘이휘이 쫓아 버리고
긴 탄식으로 붉어질 아침

쌍무지개

시집 안 간 여동생
쌍무지개 사진 보내왔어
양귀비 꽃잎처럼 붉은 하늘
쌍으로 뜬 무지개

시집가라 성화 대던 어매
제풀에 나 앉고
쉰 넘어 혼자 사는 여동생
가슴에 무엇이 있는지
늘 궁금했지만 물을 수 없어서
어쩌다 저 가슴 메말랐을꼬

쌍무지개 바라
가족 행복 기원하는 마음
사진에 붉게 웃는 것 같아서

더 늦기 전에
저 가슴에 꽃씨가 날아들었으면
말로 못 하는 소원만 빌었어

비 갠. 하늘로 새 한 마리
푸르게 날더군

愚問無答

따끈한 커피 한 모금
긴장한 목어림 위로한다
봄으로 가는 새벽
바람맞은 처자 표정처럼 냉랭한데
산 중턱 일반도로 휴게소 자판기 앞
믹스 커피 하나씩 감싸 쥔 사람들
짐차 전조등 불빛 아래
제자리걸음 종종이고 있다

삶은 계란이다
삶은 감자고 고구마다
삶은
새벽길 열어 달려도 목적지에 닿을 수 없는
슬픈 여로다

아직 사냥법 터득하지 못한 고양이
어둠 헤매 쓰레기통 이르렀다
야생과 축생 어디에도 합류되지 못한 그의 유전자
탐하는 쓰레기통 어디쯤에 구겨져 정체 잃은 것인지

목구멍 달랜 커피
속 쓰림 대가로 요구할 때쯤
다시 시동 걸어 낯선 길 나서며
내 유전자는 운명의 굴레 어디쯤 유기되었기로
누리지 못하고 연명해야 하는지
한 잔 커피로 떨궈지지 않는 졸음과 기어이 싸워가며

삶이란 단 한 글자
그 무게에 짓눌려
자문과 자답 사이
누구에게 길 묻느뇨

답 모르고
굳이 알고 싶지도 않은 의문

저기 산 위 태양 벌건 얼굴로 해맑게 웃는데

月下梨花

하필 그날은 한 광주리 달빛
언덕 적시던 밤이었어
봄볕에 환장한 꽃
시때 없이
시새운 바람에 지는 중에도
온통 햇살 속으로만 웃더니

언덕 배미 배밭
이슬에 씻기운 달빛
푸른 밤 가득 채우더군

가슴 한구석 시린 건
잊혀진 어느 날 상처
파이란 음기로 되살아난 까닭이었을까

배꽃 송이마다 스민 한숨
여인 향기로 피어오르는
환상 속에서
이미 되살아난 시간 어디쯤

속알속알 온 밤 지새도록
하이얗게 피어오르는 염기에 취해
건너고 건너고 건너서
이윽고 도달한

언덕 배미 배나무
모든 꽃송이
시린 미소로 피어나는 밤에

저녁 풍경

　빈지 떼어낸 서쪽 문으로 한 광주리 햇살 쏟아져왔다
　봇도랑 물소리 재촉하는 황새봉 아래
　흥건한 어둠 산자락 적시고
　벌겋게 탈진한 해 붉은 침구에 몸 감춰 침소로 가는 풍경
　바람 가다가 순작골 어림에서 바라보고 있었다
　하나도 특별하지 많은 하루 조금은 특별한 풍경 속으로 스러지는 시간 굳이 툇마루에 바위처럼 쪼그려 앉아서 검은 얼굴 노을빛으로 물들인 아버지 어느새 타버린 눈동자로 묵묵히 견디고 계셨다
　날개 커다란 새 한 마리 유유히 가는 허공 어디쯤 노을 갈라지는 틈새 지나 문득 떠나야 할 여정 그려 남겨진 시간 반추하는 것인지

　노을 스러진 자리 황새봉 다 삼킨 어둠 점령군처럼 진주해 들어왔다
　아까 순작골에서 배웅 끝낸 바람 엉덩이 털고 오산 모퉁이 돌아간 뒤를
　누렁이 한 움큼 오리털 물고 숨차는데
　하나둘 하늘에 별 혁명군 횃불처럼 번져가는 광경까지
　쪼그려 앉은 아버지 바라보고 계셨다

머리 어깨 몸피 전체를 삼켜가는 어둠
 끝내 침묵으로 대항하는 아버지
 마치 꼭 이루고야 말 무언가 의지로 새기듯 돌부처 닮은 자세 견지하셨다

 호롱불 닿는 등
 어둠이 삼켜버린 산 아래 논보다 넓고 쪽바웃거리 바위보다 견고해 보였다

 덜커덕 방문이 열리고
 밥상 든 어머니
 아! 머허고 있소? 밥상 안 디리가고!

 벌떡
 바위 일어섰다

만복사 저포기 위해

차의 향기에 취해
전설 속 옛사랑 그린다
사람의 정
얼마나 깊어지거든
하늘에 닿아 전설 되련지
창호지 한 장 두께의 가슴
어이 그러나 볼까마는
사흘 밤 맺은 사랑
가슴 깊은 자리 저절로 새겨졌으니
그것이 차라리 혼몽이었어도
윤회 어디쯤 다시 만날 기약조차
놓으라 하시는가
세사 다 놓고 산중에 들어
설운 생 담은 육신 스러지거든
산자락 어디 부토된 자리
한 송이 산꽃으로 피어도 좋으리
그때 잎새에
잊지 못한 사랑
핏줄마다 올올이 새겨
환히 웃거든

스치는 바람아 세상 어디쯤
무엇으로 다시 태어난 그 사랑에게
그렇드란 안부 살며시
그리하면 어떠리

늙은 부부

벽두에 시골 간 막내
엄니 확진 소식 알렸다
회혼의 세월
좋은 금실만큼 싸우기도 한 내외분
아니나 다를까
아버지도 함께란다
아르께 아버지 생신에
안 산다 하시더니
골골 마나님 미음 챙겨
병원 가자 다그치는 아버지
한 갑자 살 붙인 세월
네 없이 내 있으리오
열 자식 다 필요 없다
영감 마나님 그뿐이지

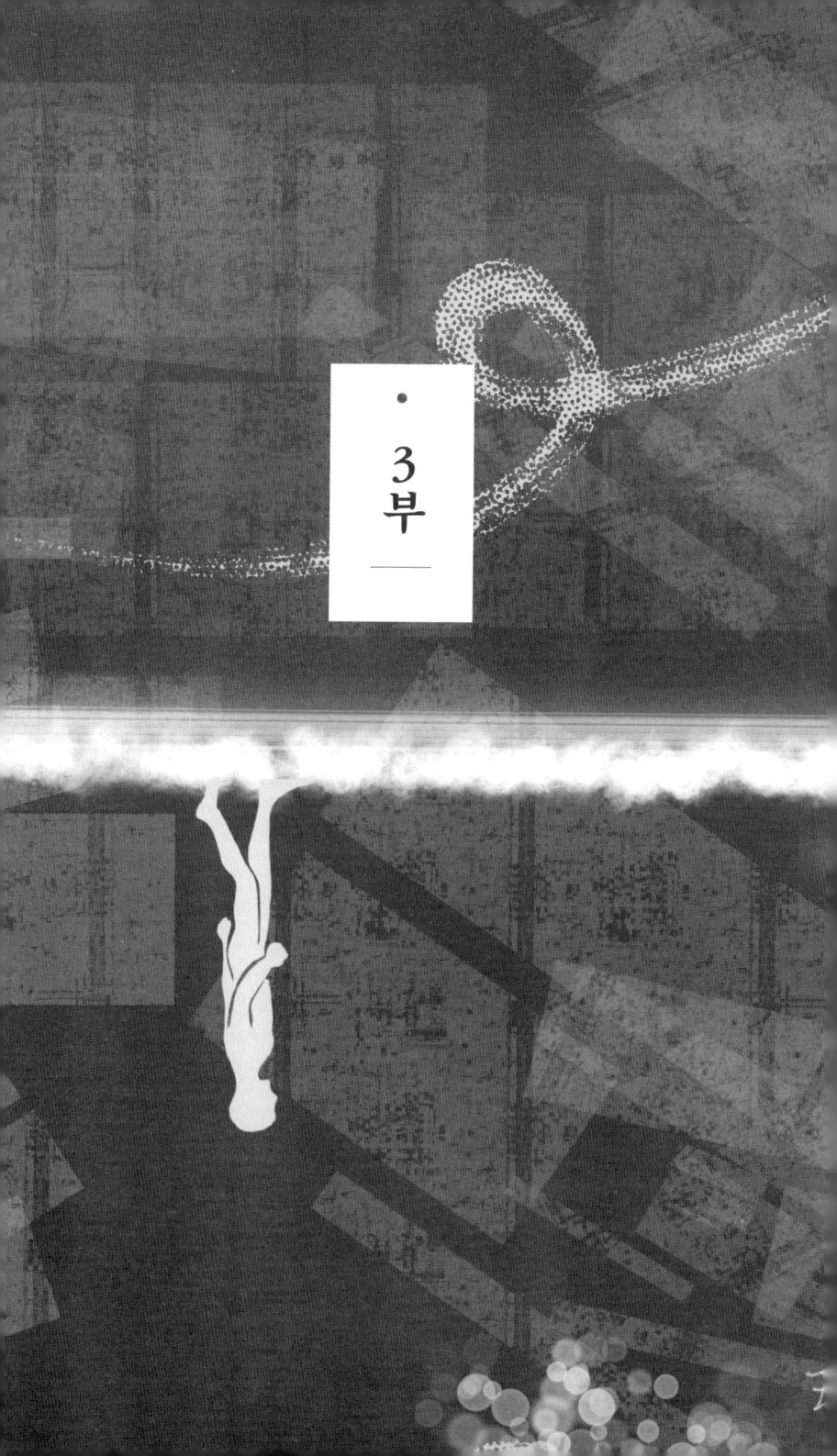

가을

붉은 엽서 한 장
이별 인사로 남기고
이제는 옛사랑이 되어 버린 그대

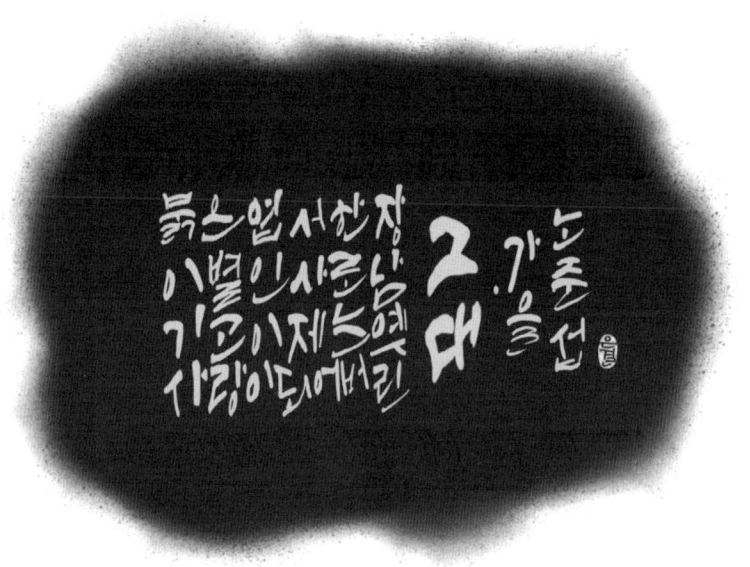

詩月

바람 와서 촛불 하나 밝히지도 않고
하늘 등진 나뭇잎만 우르르 몰고 떠났다
이 밤 그대는 별빛조차 미치지 않는 길 물어
어느 계절로 떠나갔는지
다만 남겨진 나는 빈방으로 차오는 고독이 시려
저 홀로 비틀대는 촛불 하나 켜두었는데

9월(悔想)

언제 설렌 적 있었더냐
구월, 여섯 시
바람 닿은 잎새 시리고
먼동 석양 놀 붉기만 한데
붉음 앞에서
가슴 뛴 기억
언제
그랬던
아련함

아직 마음 써내기 잎새 아리고
한낮 햇살 쨍쨍하여
기억 불러 한탄하기 참
그런데
기억 어디
평원 달리던 기관차처럼
뛰던 가슴

겨우 한 커플 벗어진 햇살
색 바랜 바람 이유로

아득하게 멀어져 버린

언제 내 가슴
그랬던 적 있었더냐

등 뒤에서 쓴 편지

가을을 걸어 너는
분홍꽃 너울거리는 오솔길 걸어 너는
윤슬 부서지는 강둑길 걸어 너는
파이란 하늘 끝에 다다르려
그리했더냐

기억 다 건너기도 전에 울음이 나서
나 부르던 너의 목소리
알듯 말 듯 던지던 한 마디
기어이 가고 말려고
그리고는 끝내 슬펐던 미소 한 가닥
그런 까닭으로 눈물이 나서

언제 또 부를까 너를
무심하지 못한 너의 잔정이
기어이 선택하고만 선택이 아려서
어이 뒤돌아섰을까

가을을 걸어
기어이 너의 세상으로 가버린 너를

이제 푸름 놓아버린 잎새로
마지막 인사 담아 내 마음 쓰나니

온 계절이
못다 한 꿈 아쉬워
날이면 날마다 낯빛 바꾸며
남겨진 세상 세상대로 그리하겠노라

부디

　민주를 위해 국민이 주인 된 세상을 외치던 너는 훌쩍 가버린 너의 세상에서 지금 이 나라가 얼마나 가슴 아플지
　너와 촛불 켜던 날이 목메게 그립다 나의 아우 삼만아!!!

默言之約 (어느 학병의 다짐)

해협 건너며 선창 맴도는 바람 불러 이름 하나 일러두었다
기약은 간절한 사치
절규로도 새기지 못한 약조 훗날 변명이나 되어줄까
선미 어디쯤 매달려 기 쓰고 따라붙는 시선
눈망울에 이슬방울 별 돋는 밤마다 갈구 되었다가 갈증으로 스러지겠지
자운영 뭉터기 엮어 줄기마다 꽃송이마다
살아질 날들에 주고픈 것들의 새김
흰 팔에 감아 두르며 속삭인 밀어
겨릅대만큼의 의지는 될까

분명 숨 쉬고 어쨌든 밥 먹고
틈틈이 고뇌하고 짬짬이 자위하고 그조차도 밀쳐지는 시간 더 많아지겠지
모든 것들 이유되었다가
또 그 모든 것들이 가치 잃어가다가
고통 끄트머리 어디쯤 서면 문득 달려들 이름
신음처럼 비집어질 때
나 살게 할 마지막 이유
핑계가

의미가 될

시절이 하 수상하여

산 너머 골 건너 뜰 지나
찾아 달려갈 의식
비로소 부여안고 몸부림칠

하루를 천 년으로 천 년을 살아
소망할 어느 날
꿈처럼 돌아가
자운영 풀밭에 두 마리 토끼처럼

아
핏줄 하나씩 뽑아
저민 간절함으로
타는 목마름으로
동지섣달 긴 밤으로도 기어이 오는 새벽처럼
그렇게 오고 말 그날을 위해
나는 삶으로 견디리니

너도 부디 그리하려 마
너에 관한 모든 기억 내 삶 지펴 줄 불씨
하여 간절히 바라건대 나 또한 티끌이라도
그만큼이라도

다시 건너 돌아오리라
장막 거두어 여명으로 망토 드리우고
지지 않은 자의 결기로
바람 불러 일러둔 너의 이름 앞에 맹세한
다짐 굳이 지키려 함이니

겨레 비로소 환한 날
너의 이름 앞에 다시 서
기어이 꿈
기어이 소망
너라는 이름으로 함께 이뤄내리니

아버지

  곰방대 든 아버지 등 구부정하다
  툇마루 한쪽 구석 정물처럼 앉은 아버지 시선에 붉은 노을 가득 들어찼다
  낡은 쌈지 열어 곰방대 가득 욱여넣은 잎담배 발그레 붉어지면 강퍅한 볼에 깊은 보조개 우물 생겼다
  무슨 생각으로 깊어졌을까 표정이 달밤 우물 같다

아버지는 말 없는 사람이었다
아버지는 표정 없는 사람이었다
또한 아버지는 못 하는 것도 없는 사람이었다

너 나 없이 궁핍하던 시절
천형처럼 옥죄는 가난
제비 새끼처럼 매달린 자식 여섯 그 입 차마 아귀였으리

여명 전 사립문 밀치고 나서
별빛에 길 물어 들어서기까지
눈 비 바람 단 하루도 등 댄 아버지 모습 본 적 없었다

가지 많은 나무 바람 잘 날 없고

자식 여섯 아롱이다롱이라
엎어지고 뒤집어지고 깨지고 터지는 날도
담 넘는 목소리 어머니 것일 뿐

의미 목적 지표 오로지 제비주둥이
그래서 화낼 시간도 웃을 짬도 없었을까 아버지는

아버지 모습 돌부처 같다 싶을 때
왁자하던 방문 열리고
쪼르르 뛰어나온 여섯 살배기
스스럼없이 무표정한 할아버지 품에 안기자
멋쩍은 아버지 표정 노을로 가득하다

어느 위안부의 독백

아귀는 봄 버짐처럼 찾아들었어요
한 움큼 삐비로는 돌백이 허기도 채워주지 못해서
달그림자 따라 지게 진 아버지 등 뒤로 꾹꾹 저민 어매의 통곡
그 밤 이후
복사꽃 요염하게 웃어도 나는 설렘 놓아버리고 말았어요
자운영 풀꽃 엮어 매어주던 꽃팔찌 그래서 덜컥 내려앉던 가슴
봄바람에 날린 꽃 잎새처럼 훌훌 날리고

돈 벌 수 있대요
돈 벌면
봄보리 푸름에 목 졸려 아비의 지게에 실려 달빛 강 건너지 않아도 되고
아침잠에서 깬 동생들 서로 옷 차지하려고 싸우지 않아도 될 테니
가는 곳 어디여도
총칼 든 순사에 이끌려 남국 어디론가 가던 거기보다 낫겠지요
돈 벌어서

돈 많이 벌어서
제발 굶주림이라도 벗어보기를
아귀의 지옥에서 달아나지기를

아아 그러나
참하 지옥은 거기였어요
등 뒤 죽음 짊어진 청춘들의 광폭한 욕정의 노예 되어
열대우림의 천막에서 나의 열여섯 순결한 꿈들은 짓이겨졌어요
아끼꼬가 되었다가 순자가 되기도 한 시간들을
자운영 꽃팔찌의 기억으로 견디며
이 질곡을 견뎌나면 혹여
이 천형에서 살아나면 혹여

아아 그러나 세상에 빛 다시 비추는 날이어도
환향녀 낙인찍힌 우리네 삶
아귀 지옥보다 끔찍한 멸시의 늪 앞에 던져졌어요
같은 말 하는 사람들의 낯선 시선 온몸의 포승이 될 때
참혹한 우리네 청춘 썩지도 못하고 박제되어 갔어요

자운영 꽃팔찌에 설레던 가슴
굽이돌고 돌아도 고비 넘고 넘어도
또한 포연에 스러진 당신의 그림자처럼 아득하기만 한데

단지 굶주림 벗어나고픈 소망인 우리네 삶
무슨 죄목으로
역사의 수레바퀴에 깔려 이리도 참혹한 형벌 받아야 했던 건가요

나는 아직도 옥양목 저고리가 눈부신 소녀이고 싶은데 말이지요

유월哀歌(애가)

유월 짧은 밤 굉음에 몸서리로 찢기웠다
철조망 가시 짓밟으며 거침없이 쏟아지던 아우성
허울 뒤집어쓴 악마의 호곡성이었다

광야 헤집어 갈라 터진 몸뚱이로 바란 날
허울과 탐욕으로 갈라선 강토 아니었을 터
제국의 탐욕에 앞장선 꼭두각시들의 줄 세우기
궁핍 극한에 이르러 원망 낳았고
풍요 그 끝에 다르지 못한 채 멸시 품었다
그렇게 갈라진 좌와 우 그렇게 남과 북 철조망 사이에 두고 형제 가슴에 증오 심었다
부든 권력이든 속성은 나누지 못하는 것
이념의 허울에 홀린 사람들 천둥벌거숭이 되어
가면 쓴 명분에 스스럼없이 목 걸었다
캐터필러 낯선 기계음 그 여름 새벽 찢을 때 다만 찢기지 않은 것은 철면피의 양심
하늘 땅 사람의 육신 심장의 고동도 찢겨 애먼 가슴 통곡으로 떠돌았다
위하여의 명분은 비겁한 자들의 입에 발린 칭송

다만 살기 위하여 마주 총구 겨누고 무책임하게 던져진
명령으로 뛰어들었다
　그렇게 스러진 젊음
　그렇게 찢기운 가슴
　그렇게 잊혀진 이름
　누구에게 왜 그리되어야 했는지 책임 묻지 못하고
　생전 아지 못한 골짜기 비탈에 개골창에 논밭에
　누가 쏘아낸 몸부림인지도 모를 총탄에 찢겨
　또한 남겨진 어미라는 가여운 이름에게 가시로 박혀야
했는가

　유월은 오직 푸르름의 계절
　다만 푸르른 강토에 붉게 찢긴 젊음 앞에서
　너도나도 좌도 우도 남도 북도
　한 치 가슴 채우지도 못할 허울에 미쳐
　정작 스러진 설운 청춘

　누가 애국 말하는가
　누가 호국 부르짖는가
　누가 이념과 사상 주입하는가

팽개쳐진 핏줄 앞에서
어미의 가난한 통곡 앞에서
죽음으로도 뽑아내지 못할 가시 박아두고

어떤 귀향

뜨락엔 햇살 좋았다
마당 한 귀퉁이 대나무 평상에 끼인 감나무 이파리 검버섯 핀 몸 비틀어 춤추고
헐벗은 감나무 높다란 가지 끝으로 꼭지만 남은 까치밥 앙상한 아래
뒷짐 진 살진 암탉 두 마리 땅 헤집고 있었다
게으른 해 더딘 걸음 놓는 중천으로 기러기 한 무리 길 잡았다
적요
날개 소리라도 들렸다면
한 점 어긋남 없는 풍경 속으로 떠도는 시선이 공허한 까닭
한숨 꼬리 길었으나 흔적 남지 않았다

딱히 무엇인지 모르는 상념 한 광주리쯤 이고
딱히 누구라 말 못 하는 누군가 기다리는 마음으로
어느 한 점 초점조차 없는 시선 딴딴한 풍경 속으로 밀어 넣다가
문득 궐련이 고파진 사내 괴춤 뒤졌다
길게 뿜어진 연기가 풍경을 헤집다 이내 스러졌다

밭은 기침소리 각혈처럼 터져 오르다 기진할 때쯤
풍경 한 점 흐트러뜨려 그림자 하나

쨍하고 금 간 풍경 속으로
비명 같은 부르짖음
주춤거리는 걸음 걸어
왔다

오월, 어느 어머니의 탄식

　열일곱의 아이 놓아버렸다고
　곧 돌아오겠노라 했던 말만 부둥켜안고 반백 년 세월
　세월 기다림으로 채워 주름 만든 어매 목이 멥니다
　왜 다들 비겁함 배우지 못했냐고
　거슬러 가서 묻고 싶지만 묻고 말려도 또 그렇게 할 사람들이라 그냥 묻어 기억하며 쓰다듬은 세월입니다
　하물며 즘생도 봐가며 덤비는 요량 있는 법인데 왜 그리 무모한 몸부림 해야 했는지
　그럼에도 그것이 옳은 행동이었음이 또 가슴 아립니다
　봄꽃이랑 더불어 우수수 저버린 꽃보다 귀한 청춘들
　어매들 가슴에 죽을 날까지 놓지 못할 기다림 벌겋게 새겨 두고
　조금만 비겁하면 한 번만 질끈 눈 감았으면
　그럼에도 왜 그리하지 못했느냐 묻지 못합니다
　비록 찢긴 꽃잎 되어 스러져 갔어도 그렇게 남긴 발자국 따라 많은 젊은이 또 스러져간 역사
　이 하늘 아래 피워낸 꽃 한 송이 너무도 거룩한 까닭에
　다만 봄 익어 꽃잎 흩날리는 즈음이거든 아린 가슴 더듬어 그리운 얼굴 꺼내는 아픔
　되뇌고 되뇌고 되뇔지라도

장한 내 새끼 미안한 내 새끼 가슴 찢을 뿐

이제는 모두 늙은 할매 되어 아직도 열일곱 아들 새기는 어매

이제 곧 세월에 지쳐 스러지고 나거든

이제는 나라 사랑하는 모든 가슴 그리움 새겨 노래함을 알기에

사랑도 명예도 이름도 남기지 못하고 떠나

태극기 한 장으로 조국 앞에 내어 준 아들입니다

유월야화

여자의 밤이 흡반 많은 문어 다리처럼 길었다
여자의 밤은 바람 소리로 우는 문풍지 곡소리처럼 길었다
봄꽃 저마다 바람난 창기처럼 화려한 웃음 흩날릴 때 징조 시작되었다
삼동 긴 밤 매서운 바람 헤빈 곁자리
꽃바람일 때 허전함이더니
빈 가슴 시려 부르는 이름 허공 헤집다 스러지고
홀로여서 사위 온통 빈 공간
상념 채울수록 가슴 허허롭고
달빛 푸르를 냥이면 벼린 날 하나 스치우고
비라도 내리는 밤이면 젖은 참새처럼 소스라쳤다

봄꽃 저마다의 사연 보듬고 왔던 것처럼 우르르 물러간 즈음
퍼렇게 물든 풀빛 비린 내음으로 질겨질 냥이면
꽃 아닌 몸짓들이 더욱 비리게 피어올랐다

밤나무 둥치로 벗어던진 구렁이의 외투 서낭당 깃발처럼 나부꼈다
습한 바람

골진 자리로 흐르는 땀방울 거친 숨으로 토해진 타액처럼 번들거릴 때 산허리 어디쯤에서 쏙독새 울었다
　허전함 비집고 드는 내음
　연방죽 돌아든 바람 산허리로 감쌌는가
　달빛에 몸 부빈 밤꽃 토해낸 숨소리로 기어이 보따리 부둥켜안았는가 여인이여

인연의 무게

소금사막에는 푸른 달 뜬다
햇살 하얀 비늘로 죽어 널브러진 광활한 땅 위
침묵 비문처럼 떠돌았다

중첩된 시간들이 하나의 실타래 꾸릴 때
엮인 사연들은 저마다의 끄나풀 움켜쥐고
저간에 맺힌 이야기 하소연처럼 늘어놓았다

한 겹의 인연 고리로 엮이고
고리는 사슬 되어 치렁거렸다
뉘라서 의도하였으리

인생이란 본디 푸른 달빛처럼 외롭다 하여도
배면으로 얽힌 인연으로 하여
끝내 홀로이지 못한 여정

연실의 가벼움에 매달린 연이 창공 누비듯
인생사 어디 가벼운 인연이 있으랴
푸른 달빛 닿는 자리
하얗게 스러진 햇살이어도

이윽고 다시 빛으로 부실 것처럼

춘곤(春困)

아이는 횟배 앓는지 창백한 안색이었다

희뿌연 하늘로 종다리 높이 날며 우는 모습 초점을 모으지 않은 시선으로 바라보던 아이 질긴 녹색으로 물든 보리 잎새 뜯어 입에 물었다
 까마득 점 된 종다리 좇다 이내 보리잎 뱉어내고
 사방 둘러친 낮 산들 촘촘히 헤집었다
 등성이마다 잔설 아이 얼굴의 마른버짐처럼 남아있었다

말라죽은 들풀 틈새 별꽃 꽃마리 봄까지 냉이 저마다 푸른 몸짓들이 긴 듯 아닌 듯 아닌 듯 긴 듯 스스로의 영토 확장하고 있었다
 아른아른 아지랑이 신작로 따라 길 떠나는 한낮
 노란 병아리 몇 마리 뒷짐 진 어미 닭 그늘 아래 숨바꼭질하다
 현기증처럼 솔개 뜨자 어미 닭 뒷짐 풀고 허둥거렸다

버들개지 물오른 냇가로 입술 풀린 시냇물 노랫소리
 남으로 가는 강물로 젖어드는데
 덩달아 바람 든 동네 처녀들

실팍해진 궁둥이 주체하지 못했다

무언가는 허둥거리고
무언가는 끄덕이며 졸고
무언가는 부스스 깨어 일어서는
저마다 몸짓이 저마다 이유 달고 있겠지만
모든 것이 그저 하나의 까닭이라는 단순한 이치

그런 풍경 아래 창백한 표정의 아이
시선 닿는 자리마다

결 고운 바람 그래서
풀어진 햇살 그래서
낭창하게 늘어진 풍경 아래로

어디쯤 산 중턱에서 그리움 고픈 꿩 울었다

풍령

바람 불면 나 울어요

담아둔 말
말로 되지 않아서
무작정 기다려요
달빛 부서지는 대로
별빛 날리우는 대로
우주 늘 그렇게 꿈으로 영글어도
작은 가슴 채워지기만 할 뿐

햇살 고운 날이거든
세상 모든 것 빛으로 화해
눈으로 귀로 아니 감각으로 달겨드는
모든 것
말이 말로 되지 않아서
담아 두기만 할 뿐

세상 모든 언어 부질없어서
가슴 하나 온전히 드러내지 못하고
담아둔 모두 표현할 방법

말이 말로 되지 않아서

시인의 언어라면
툭툭 털어 이 가슴 드릴까요
하루 한 시 모든 순간
벼리고 다듬어진
그리하여 바람 끝에 매달린
맑고 투명해진 울림

바람 불면 나는 울어요
담아둔 모든 마음 말갛게 씻어
그대 영혼으로 스며 들고파
바람으로 나 울어요

하늘 그네

발끝에 채인 하늘 시퍼렇게 자지러지면
이내 쏟아낸 웃음꽃으로 피어났어
한 바구니쯤 메아리로 돌아오는 즈음엔
어지럼증 난 하늘 멀미 하여
비로소 지구별 자전한다는 사실
가쁜 숨소리로 달겨들었지
한 뼘쯤 커진 내 키
무엇을 잡아먹었을까
그토록 높아도 발끝에 닿던 하늘
한 뼘 커진 이유
턱 없이 낮아지고도 저만치 멀어졌고
거꾸로 매달려도
등 뒤 껍딱지 같던 안온함
세월 굴레에 이지러졌으니

언제든 돌아서면
선바위 부처처럼 웃어주며
바람벽으로 서 있던 이름

삐걱이는 나무 그네 앉아

하늘 가득 웃음꽃 널어두고 싶은데
손끝 온기 기억으로만 남아
이제 발끝에 닿지 않는 하늘
그리움으로 그득 채우고 있어라

混夢中

독주 한 잔으로 부른 잠
늘 꿈 동반했다
수시로 오가는 현실과 꿈
어지러웠고
두서없었다

이별 인사 없이 떠난 여인 해맑은 미소로 웃는데
꿈이라 느껴도 심장 뛰었다
느닷없이 연병장에 서서 다시 입대하는 현실 부정하다가
사라진 여인 찾았다
나는 분명히 제대했는데 왜 다시 온 거냐고
억울하고 답답한데
여인 자꾸만 애태웠다
누구에게 말하지
속 타는데

그러다 갑자기 영업사원 되었다
실적 다 채우지 못한 마감날
하필이면 고약한 거래처
돌아오는 냉소에 사타구니 저리다

엄마는 날 두고 시집간단다
　따라오지 말라는 엄마 고와서 더 겁났다
　아버지는 떠나는 엄마 보며 웃는데 나만 애탄다
　온통 떠들썩한 잔칫집에서 모두가 웃고 떠드는데 누구도 나에게 말 걸지 않고
　어느새 또 군인 되었다가 실적 못 채운 영업사원 되었다

　조바심으로 종종대다
　식은땀으로 절어 깨어난 새벽
　늙어도 늙어지지 않는 욕구 바람 그리고 현실
　삶이란 미몽 중 나비와 같음인가

　새벽별 길 물어 일터로 간다

계백에게 묻노니

천천히 천천히
무궁화열차 논산 벌판 지난다
비치는 풍경 넘어 아득한 시간 거스르자니
군마의 거친 몸놀림 벌판 그득하고
찌르는 함성 사위 가득한데
차창으로 흐르는 눈물 한 방울
스러진 함성처럼 아득하다

기관사여 열차 멈추라
저 뛰는 심장 속으로 걸어가고 싶으니
필사 다짐한 푸른 검날의 붉은 통곡 새겨
남아 기개 무엇을 향함이런가
물어 들을 수 있다면
찢겨 해진 사내 가슴 거기 숨겨진 속내

달려라 군마여
뒷꼭지 매달린 여아의 물 먹은 눈망울
원망 없이 비집고 나온 한 마디
아
버

지
떨쳐 나선 전장이여
저기 어디쯤
맺힘 없이 뻗어나간 결의

숭고함
그러나 그대
피로 뿌려 무엇을 새겼느냐고

늙은 우체통의 고백

세월 낡고 헤져 시선에서 유리되었다

한 자 한 자
행여 뉘 볼세라 꽁꽁 저며 쓴 마음
우표 한 장 여비 빌어
두드릴 가슴 찾아갈 준비 마치고
설렘 다독여 기다림에 들고

전선의 시린 바람
골골 더듬어
밤 지펴 안녕 묻는 초병 가슴 헤집어 실어 두었다

절절하고 안타깝고 숨 가쁜 사연
들랑이며 헤집은 가슴이 견딘 세월
어이 순탄하고
어이 멍울지지 않았으랴

빨간 통에
심장 펄떡이는 붉은 사연들만 가득 찼어도
어이 낡아지는 세월 견뎠을까

울다가 웃다가 스민 한숨에 탄식에
그러다 보니
여기 멍들고 저기 갈라진 시간
그렇게 시선에서 사위어 가는 거지

그럼에도 간간히 떠오르는 기억들로
온몸 발그레 열꽃 피기도 하는 걸

솟대의 꿈

천해 날아 동쪽으로 가자
광활이란 그렇다
날개 부러지게 몇 날
푸른 바다 몸 담그자 했건만
아, 망망한 대지 굴곡이여
흙먼지 부옇게 말 달리는 무리
가지지 못한 날개 그리고도
검은 새 품어 광활함 위로 섰구나

벌판 질러 바다로 가자
무궁이란 그렇다
대붕 날아 구만리 장천에 펼친 꿈
억겁 세월 바위 뚫는 물방울처럼 흘러도
벌판에 흩뿌려 심어둔 땀방울
칡덩굴처럼 엉겨
해해연년 꽃으로 피는 얼

어쩌다 시절이
어쩌다 세월이
애꾸눈 얼간이 무녀리 딸깍발이

깜깜한 나락
끝 모를 무저갱
그로하여
침략 억압 수모 치욕 굴종 조롱 멸시
그런 속에서
비겁의 굴레 쓰고
꼭두각시로 살았어도
실 낱 처 럼
간직해온 광야의 꿈

이제 다시
날개 펼쳐
광활한 대지 위 뭇별의 하늘
창천 광야의 하늘로
날아보자 봉황의 자손들이여

離鄉

바람 수선스러웠다
칠흑의 공간 건너 거리낄 무엇도 없다는 듯
부딪히면 타 넘겠니란 의지 결연하다는 듯
뜨락 지나 장독대 건너며
탄식 같고 넋두리 같은 웅얼댐을 수선스러움 속에 감췄다
낮은 초가 촉 낮은 불빛 오래도록 문풍지 어루만졌다

모든 것이 잠들어 고요했다
다만 속내를 감추지 못한 몸짓들만 죄인처럼 낮은 자세로 꿈틀거렸다

비명처럼 문 열리고
나서는 발걸음 더디고 무거웠다
사립 지나 돌담 아래 지나치는 걸음 감나무 아래쯤에서 주춤댔다
걸음걸음 깊이 찍힌 발자국마다 나름의 회한이나 탄식 같은 것들이 더딘 발걸음을 옥죄었다
포대기에 싸인 간난이도 울지 않았고 궤짝을 짊어진 열 살배기도 고개 들지 않았다

돌아서는 고갯짓 버거워 앙다문 입술 설웠다
발끝으로만 내몬 시선 아래로 뚝 떨어지는 눈물방울
기약할 수 없는 무엇이라도 있었으면 덜 서러웠을까
자꾸만 더듬거리는 발걸음
돌아서는 시선이 젖어드는데

바람만 듣고 간 사연
크고 작은 발자국을 따라 삐뚤빼뚤 이어지고 있음을
새벽하늘 눈 뜨고 나선 눈썹달 가만히 내려다보고 있었다

머나먼 고향

인왕산 기차바위 아래
홍제3동 산 1 -100번지
한 주소 가지고 살던 사람들
허가받지 못한 지붕 아래 작다란 방
올망졸망 둥지 속 새끼 새처럼
먼동 밟고 비탈 내려가
안성여객 종점 이르면
차라리 죽으러 망우리 가유
청량리 중량교 망우리 간다는 안내양 목소리
그렇게 시작하는 하루
차라리 죽으러 갔다 죽지도 못하고
먼동 대신 석양 한 짐 짊어지고
비탈 오르던
지그재그 허성허성 휘청거리며
비탈 기어오르던
사람들 아버지들 아버지들

루핑 지붕으로 비 듣는 소리
한심도 하고 처량도 하여
다시 돌아가고파라

어둠 헤쳐 도망친 내 고향

까무룩 잠들면 꿈속의 동리
한밤 지나면 한 걸음
또 한밤 지나면 또 한 걸음
그렇게 아득히 멀어져
가슴 한 켠 화석 되어 남은

또 아침이 오고
먼동 밟아 차라리 죽으러 가는 길
그렇게 살아낸 세월
그렇게 멀어진 고향

어느 빨치산의 기도

폭설 그친 산 위
둥근달 뜨면
능선 따라 미끄러지는 달빛 아래
가쁜 숨소리 그늘 자리 찾는다
골골 헤집던 바람 등줄기 매달려
이유 물을 적에
하얗게 뿜어지는 얼굴들

기어이 한밤 건너
얼어 죽지 못한 꿈 하나
빛 밝혀 일어서면
또 하루 기록되지 못할 역사 위하여
골골 더듬어야겠지

어디 하나라도
여정에 걸맞은 것 있으랴
아우성치는 몸뚱이의 메아리
백설에 녹아 뿌리에 스미거든
찬란히 피어나리
영산홍 붉은 잎으로

시간 건너 어디쯤에서
구름 덮어 쪽잠으로 들며 새긴
조국 민족 그리고
사람으로 살고픈 욕구

그를 위하여
분분히 스러진 이름들이
산허리 돌아 나는 바람에 실려
그리운 얼굴 살아갈 이 땅 어디라도
전해지는 이야기로 남아지겠지

지리산이여
스러진 내 육신 위에 한 송이 꽃 피워줄
어머니 산이여

꿈도
피도
땀도
숨소리도
부끄럽지 않은 삶이었노라

기억하여 새겨주시라

나 이 땅의 자손이었으니

전철역에서

급한 마음보다
손에 들린 우산 먼저 달렸나 보다
전철 문 닫히고
성질 급한 우산 문틈에 끼었다
열리겠지
개코나 그건 니 생각이고
우산대 잡아당기자 우산대만 뽑혀 나왔다
그렇게 매단 채 전철 떠나가고

제도 비 맞기 싫었던 건가

어매의 손

어매 손 잡은 적 있었다
기억 넘어
내 몸 씻기던 엄마 손
부드럽고 따스했다

국민학교 2학년 소풍
따라온 엄마 중 가장 이쁘다는 선생님의 말
하지만
서른한 살의 엄마 이미 어매가 되어가고 있었다

4학년 서울 유학
감기로 온몸이 끓어도
이마에 닿는 손 없었고
텅 빈 밤거리 헤매도
마음 비칠 누구도 없어
타인의 영역을 벗어나지 못한 삶
공허로 채운 시간들로 하여
끝 모를 터널을 기고 뒹굴었다

아버지는 면장이었고

군의원이었지만
전생 어디서 상제의 소였는지
논 밭 산 들
천지를 갈아엎고 뒤집어
온갖 작물 다 심었다

어매 손에는 반지가 없다

손
아니 온몸을 수수 빗자루처럼 만들어
누구든 나눠주는 게 낙인 어매

곰발닥 같은
세월 건너 기억이 없는

어매의 그 손 눈물로 잡은 적 있었다

울 엄마

어스름 새벽 눈 왔다
소복한 장독 위에 정한 물 한 그릇 시리게 부어 놓고
닳은 수수 빗자루 같은 손 비벼 어머니
평생소원 주문 외웠다
굽은 허리에서 고장 난 문설주 앓는 소리 났다
흰머리 위에 쌓이는 눈 설움에 겨워 눈물 되는 내내
어머니 소망 한결같아서
듣고 있을 조왕신 귀에 못이라도 되었을 터
어머니란 이름 천벌의 죗값으로 붙여진 것인가 했다

한 장 남은 울 엄니 젊었을 적 사진
목단 꽃밭 어인 까닭으로 그리 헤픈 웃음인지
꽃보다 고운 흑백사진 속 그 미소
총각 때 울 아버지 외가 돌담 지나다
그 집 처자 박꽃 같은 미소에 넋 놓고 갈 길 잃었다 하더니

처녀 총각 죄 서울로 가던 시절에
어떤 연유 무슨 사연으로 가시버시 되어
초가지붕 아래 황촉을 밝혔는지
평생 논밭에 엎드려 피사리하듯 풀매기하듯 키운 자식 넷

행여 곯을까 혹여 다칠까 노심초사 나날들

아비가 되고 에미가 된 자식들
머리 위 서리꽃 피어도
하늘의 벌 끝도 한도 없는지
이제는 자식에 그 자식까지
바라고 바라 그 힘으로 사는구나

어머니 사랑하는 내 어머니
육십 년 세월에 속 다 파 먹혀
헛껍데기만 남은 안타까운 울 어머니
시염 없는* 영감 철딱서니 없는 자식들
모두 바라 소원하노니
세상 가장 이쁜 울 엄마
오래오래 살게 하소서

***시염 없다** '철없다'의 방언. '셈 없다'를 임실지역에서는 이렇게 씀.

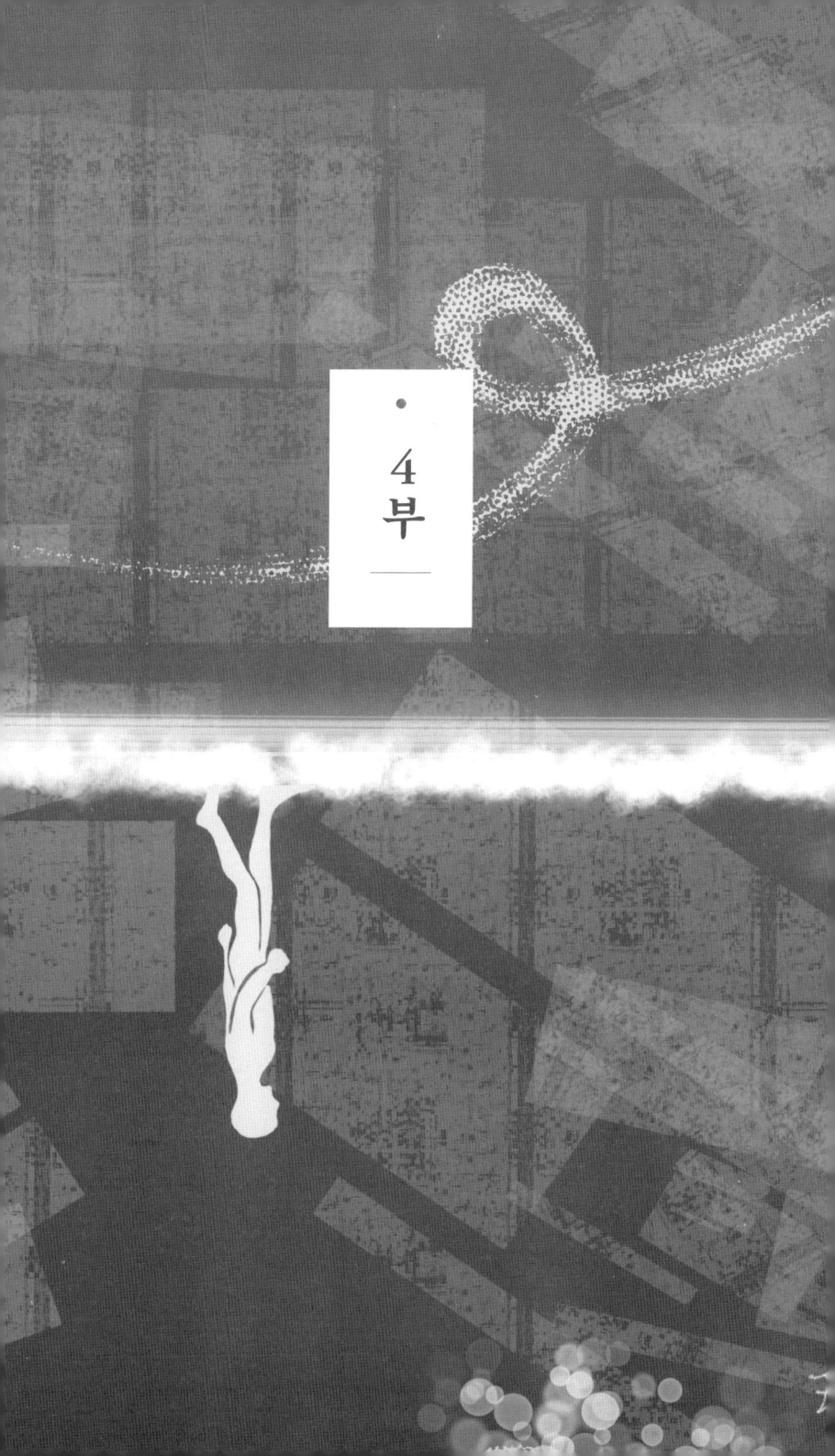

11월

굳이 이유 묻지 않았다
바람 끝에 서서 낙엽에게 물은들
무슨 의미 있을까

잎새 여전히 붉다
뉘라서 정하지 않은 시간의 경계
순서 또한 전달되지 않아서
매운바람 견딘 잎새 위
소복한 설렘의 입김으로도
미련 빛바래지 않았다

딱히 정의하지 않아도
슬픔은 슬픔대로
설렘은 설렘대로
제 자리 찾겠지만
가끔은 나처럼
방향 놓아버린 누군가 있어서
갈피 없이 두리번거리겠지

여전히 붉은 잎새

잠시 스친 설렘으로
내일이면 한풀 기죽겠지

그리고 계절은 스쳐
옛 기억으로 가겠지

11월 2

아직 안녕이란 인사
남겨진 한 꼬다리
그런 까닭으로
미리 건너가지 말자고

어느새 밤바람 말갈기 휘날리고
밤 별 모두 찬물로 낯 씻은 표정이지만
낙엽 뒹구는 이유로
끝과 시작을 바꾸긴
아직 남겨진 이유 있으니

내일
어수선한 그 어디쯤에서
차라리 길 놓아버리고서
잎새 진 나뭇가지처럼
벌거벗겨진 채로
네 뒷모습 볼지언정

아직 남겨진 한 움큼의 여유
그런 이유로

안녕이란 인사
남겨두자고

11월 3

줄지어 하는 인사
흐린 창으로 비친 표정 아득하여서
어제 떨궈진 계절 한 장
새삼 오늘 안부 궁금하였네

한 번도 간다 온다 말없이
어느 결에 왔다 간 꿈처럼 바뀐 계절
어제 열렬한 사랑의 맹세
오늘 기억하지 않는 변심한 애인처럼
생경한 얼굴 무심한 자태가 시려

너는 오고
나는 가는
무심한 교차점 지나
어이 안부는 궁금했을까

둥지 연대기

겨울 은행나무
노란 사연들로 가을 떠나보낸 가지 위
헐벗은 둥지 하나
이별 인사 없이 허물어진 동네 초가처럼 앙상하다
빈 가지로는 바람도 오래 머물지 않아서
스쳐 간 자리마다 관절 시린 아우성만 진저리로 남고
딱히 기대할 기별 따위
한적함은 적요 속에서 목마름으로 뒤척이지만
일말의 근심도 없다

마른 가지 하나
우듬지 곁으로 비켜놓아 터 잡을 때
가지마다 번져가던 연록의 새움
어느 마당에는 차일 쳐지고

파란의 시간 위로 녹음 더욱 짙어
어느 사립문 위로 금줄 걸리고
아기 새 깃털 여물어짐으로 날갯짓 더욱 고됐다

안다는 것은

결정을 담보하는 것
비극의 시나리오 받아 든 배우처럼
묵묵히 준비하는 시간
그럼에도 천 번의 연습으로 한 번의 실행은 감당하기 버거운 것

고샅 뛰노는 아이들의 왁자함 따라
튼실해지는 날개
잎새 푸르다 지쳐 바래지는 시간마다 사연 담고
언제 돌아볼 겨를도 없이
단 하루 숨 가쁘게 퍼덕였을 뿐
딱히 무슨 연유로 이별 준비했을까

하나 가르쳐주지 않아도
애써 외면했을 뿐
잠시 머무를 슬픔 뒤로
둥지는 비어지리라는 사실

고샅으로
술래 된 바람만 헤집다 가고

잎 진 나무 끄트머리
헐거운 둥지로 달빛 새어 나겠지

인생길

　새는 이정표에 기대 길 나서는 법 없지
　날개에 매달린 자유
　몸 가벼이 하는 이유인지 모르겠고
　작은 심장 뉘에게 길 물을 용기 갖지 못한 까닭인지도 모르지

　해는 천 년 천 번도 만 년 만 번도 넘게
　동그랗게 눈 뜨고도
　늘 같은 길로만 발길 놓아서
　세상 살아 있는 모든 것들에게 지침 주고
　달은 한 달 한 번도 같은 모습 보여주지 않는 교태로
　지친 심신 어루만져 주곤 하지

　의지란 어쩌면 바위틈에 뿌리내린 솔씨의 간절한 갈구인지도 몰라

　소스라치는 새벽공기 헤쳐 어둠으로 길 물어 나서며
　오늘 하루의 삶 바위 움켜쥔 소나무처럼 견고하기를
　새처럼 자유롭지 않아도 해 달처럼 의미 되지 않더라도
　간절함으로 열어젖힌 또 하루 삶이려니

망망한 대해 열어 나서는 범선처럼
고난과 시련 혹여 시비 걸어온다 할지라도
삶이란
의지로 길 열어 가는 여정이리니
새처럼 자유롭게
해처럼 견고하게

인연 바라기

어디선가 배고픈 비둘기 울었다
어쩌면 환청인지도 모를 가냘픈 소리
새벽 첫걸음 놓으며 문득 한마디 안부 떠올렸다
도시의 작은 숲
밤새 소음에 뒤척이다가 나처럼 깨어났을까
어쩌면 환청인지도 모를 실금 같은 저 소리 핑계 삼아
끈덕지게 달라붙는 저간의 사연 밀쳐 두고
신행길 새색시처럼 볼 붉혀 말갛게 인사하는 해 바라 아무렇지도 않게 인사를 건네려 할까
한 걸음 내디디면 저기는
전장으로 가는 셔틀 각자 주둔지 물어 가고
소스라치던 공기 어느 벽에 결로 되어 놀란 가슴 속닥이는데
안부 기어코 길 잃었다

첫차의 공기 기약 남기지 않은 여인 뒷모습처럼 휑뎅그레하고
퍼즐 칸의 오답 같은 표정의 사람 몇
아직 놓지 못한 어제 더듬고 있었다
어제 기별된 전사통지서

나름 치열했을 전쟁을 끝내고 장렬하게 이별로 가버린 그를 위한 마지막 인사 아직 준비되지 않았다
　주둔지 다다를 때까지 그 위한 묵상에 들며 그다지 특별할 것 없는 인연 중에도 기억으로 새겨진 일 많음을 아파했다
　어느 날 문득 나도 한 줄 기별로 마지막 전하면 얼마의 사람에게 추억되련지
　그리고 전하지 못한 기별 안타까워 어이 길 물을까

모두 전장을 살면서
눈에 밟히는 낯선 타인의 고독 안타까워
사람으로 기대 위로 나누고픈 욕구 어긋날 때마다
비둘기처럼 배고프게 울었던 밤
점점으로 남겨둔 상처가 시려
인연이란 얼마나 슬픈 오답인지 나에게

저기 주둔지까지만
번뇌에 실린 너로 하여
점차 선명해지는 바람
길 잃은 나의 안부로 하여 동토에 싹 하나 틔워지기를

마른 가지 더듬는 찬바람 끝에서 새싹은 여리게 웃는 법이니

중년의 바다

누구나 가슴에 바다 하나 품고 살지
푸른 물결 춤추는

삶은 삽 한 자루로 바다 메워가는 여정인가
아니면 붓 한 자루로 바다 지워가는 작업인가

청춘의 바다 동경을 넘어서지
처음 바다 앞에 섰을 때
가슴 탁 트이면서 숨 턱 막히던 기억
피노키오와 할아버지 삼킨 고래 그저 하나의 점이던 망망함
감히 끝 상상할 수 없었던 수평선 간직하여 꿈 하나 그렸었지
도시의 미로 헤매며
나는
걷는 걸음마다 무엇을 흘리고 다녔기로
두 번째 바다 망망함 잃어버렸을까

고래
꿈의 바다에 얹혀와

자신 점으로 존재하던 바다 어항으로 되어지는 과정 어찌 견뎠을까

미로에 점철된 삶 결국 평면에 굳어버리지
도시가 빌딩 그늘로 하늘 지워버린 것처럼

미로 속에서 마주한 세 번째 바다는 수평선 지워버리고
혼돈의 해변만 남겨두었더군

가늘어진 팔다리로 불룩해진 몸뚱이 지탱하는 나날
그렇게 기름지게 야위어 가던 날들

어느 폭풍우 치던 날
하릴없이 침몰해 가던 암담함 속에서 깨어난 꿈
파도 박찬 고래처럼
청춘처럼 푸르지 않아도
나의 바다 물결 춤춘다네
붉어서 아름다운 석양 품어 기다리며

미틈달

단지 미련 그 이유 아니었다

별다른 이별 인사 없이
찬 바람 입김으로 뒤돌아선 너
나풀거리는 몸짓으로 보내야 했다

사연 많은 까닭으로
무게가 버거운 넓은 잎새
내내 익어진 마음 토해내다가
기꺼이 쏟아낸 마음 그래서
돌돌 탈색한 몸뚱이로 떠나갔지만
가녀린 잎새로 담은 단 하나
토해도 토해도 미련 많아서
가버린 계절 끄트머리 여전히
함께 보내지 못한 이별 인사 새기고 있는데

떠난 너
하얗게 변색한 마음
서신으로 다시 보내거든
그 마음에 적셔 미련 놓을까 하거니

이름 없는 영웅에의 獻詩

역사책에 기록되지 못한
헤아리지 못한 이름 중
간절하지 않은 이 어디 있을까
하늘 우러러 부끄럽지 않으려니
차마 돌아보지 못한 피붙이 안타까워도
심장 도려 감춘 마음
이유는 하나
지켜야 할 가치
핏줄에 태여 이 땅에 나고 살았으니
또 핏줄에 태워 살아가야 할 이 땅
뉘 일러 내 이름 불러주랴
그럼에도 민족의 이름으로 지켜야 할 강토
비목 하나 없이
어쩌면 거둬주는 손길조차 없어
들짐승 밥 되어도
그래서 지키려는 의지
그로써 죽으리니
핏줄 어디 새겨져
민족임을 웅변하리니
아아 나는

역사책에 기록되지 않은
배달겨레 풀뿌리였느니
나들의 이 간절함
민족 번영으로 꽃 피는 날에
내 이름 대한의 자손이었노라고
그 이름으로 지켜 대한민국이라고

노을은 왜 붉은가

물에 빠진 노을
금빛 비늘 아롱대는 강언덕
흰 새 한 마리 유유히 난다

해 삼켜 승천이라도 하고팠는지
힘차게 뛰어오른 물고기
파문 아래 부끄럼 감췄을까

한가롭고 평안한 풍경 속으로
키보다 긴 그림자 앞세운
아버지
구름 한 짐 지게에 지고
발자국 세고 있다

석양 드는 창 바라
베틀에 앉은 어매 시선으로
그림자에 매달려 오는 아버지
노을 그대로 베 짤 수 있다면
소쩍새 토해 놓은 울음까지 담아
한 올 한 올 새길 수 있다면

허기는 천형보다 가파르다
어둠 속으로 우는 개구리울음보다
새끼들 뱃속에서 울리는 꼬르륵 소리
심장 토해내는 부모 설움

또 아침이면 지고 나설 지게 위
밤새 토해둔 설움 그득히 지고
왼 종일 피로 땀으로 메운 들판
등에 지고 돌아오는 길
묵묵하게 바라본 해 산 넘어갈 때
울컥 솟기 운 마음 그렇게
온 하늘 물들여 노을 이리니

摩耶姑衣

나무껍질 실 뽑아
한 올 한 올 베 짜서
올올이 그리는 마음 땀땀이 엮었네라
얼마나 많은 밤 옷섶에 스몄던가
오로지 한 번 환한 그 모습 위하여

이토록 그리운 맘
어찌 그대 모르시는가
천황봉 홀로 서서
그리움 저며 지은 옷 들었건만
구름에 몸 가리고 쇠별꽃밭으로 가는구나

사랑아
모진 내 사랑아
그리움 사무치면
다정도 병 되는 이치
온 마음 저며
기다림 꿰어 만든 옷
갈가리 찢겨 환란이 되는 사연

산자락 선 소나무 가지
찢긴 마음 흥건하구나

운수 좋은 날

급식 끝난 공원
털 빠진 비둘기 같은 노인들
헤진 시간 속 고장 난 시침처럼 느리게 움직이고 있었다
굳이 차려입은 남루한 입성과 빠진 잇새로 새 나온 웃음이 조화로운 풍경 사이로 몸뻬 입은 여인의 눈매 빛내는 순간
박카스 병 하나 잠자리처럼 앉을 차리 찾았다

잉여의 시간 내게 주세요
똥구멍에 매달린 반딧불 지펴드릴게요
구겨진 배춧잎은 덤이라 하세요
부끄러운 골목을 지나 눅눅한 장판에 그려 놓은 삽화 한 달치 안주와 무용담으로 낙원상가 순댓국집 떠돌 거예요

지푸라기 같은 육신에 붙은 보푸라기 같은 본능
박카스 한 병으로 부풀어 호기로운 걸음
깍두기 소주 한 잔 달큰히 삼킨 하루
언제 또 기약이나 할까
이제 무료가 세간을 떠도는 풍문에 버무려져 탑신마다 얼룩으로 되어지겠지

목적도 없는 하루 위한 안녕 긴 숨으로 떠안고 돌아서면
둥지로 가는 길 차마 잊고 싶은 길

탁기 한 꺼풀 덧씌운 눈으로 달겨드는 회색도시
노을 붉었다

思母曲

견갑골 어디쯤 통증으로 붙은 세월
당신 살아온 삶의 무게겠지요

우직하게,
세상 모든 소식 귀 닫아 버리고
오로지 당신 등 바라보는 눈망울에 매여
행여 한 시 쉼조차 죄스런 세월

와병 중에도 온전히 돌보지 못한 육신
그렇게 살라고 뉘라서 압박했는지

직시하여 바라본 삶
어느 한순간 자신 위해서 살았었는지
땀 절어 헤져버린 입성으로 감춘 몸뚱어리
지독한 노동 갈라진 육신으로

여인이었을 때 곱던 자태
빛바랜 사진처럼 아득해져 버렸어도
견갑골 어디쯤 아니 아니 온몸 가득 달라붙은 통증 같은
자식 가슴에 한 떨기 목단꽃 같은 내 어머니여

서어나무 숲에서

백만 개 속삭임 하나로 뭉쳐 파도 소리 되는 순간
실눈으로 파고드는 잎새 사이 햇빛 숨 겨워
자박이는 발걸음 멈춰야 했어
서어나무 수십 그루 속내 비워내는 시간 견뎌
서 있는 그대로 숲으로 불리운 날 이후
예 와서 나처럼
세상살이 찌꺼기 가득 담긴 머리
그저 가만히 서 있음으로도
서어나무 그저 서 있어서 속내 비워내듯
잎새에 속삭임 전하고 내려앉은 바람
어느새 머물다 사라지며 비워간 상념 잊혀지는 전모도 알지 못한 채
잎새에 지는 햇살에 부셔
온몸 감각 다 열어두고 눈만 살며시 감아야 했어
서어서어 바람 우는지 잎새 우는지
지리산 떠나며 졸졸 이별인사 고하는 냇물 노랫소리
양파밭 도열한 양파 속살 채워가며 속알대는 소리
비워진 시간 틈새
어미 품에서 미끌린 원앙새 알 하나
존재의 의미에서 멀어지고도 묵묵하게

그로하여 또 다른 의미 되어지는가

넓지 않은 울창하지도 않은
서어나무만 서성이는 공간
여기 가만히 서서 귀 열어 놓은 시간
청학 노니는 골 사는 신선
무에 부러울까 싶었어

서어서어 부는 바람에 기대 선
서어나무 숲에
우수수 쏟아 놓고 돌아서는데
그만 나조차 두고 나섰지 뭐야

집까지 따라온 바람
두고 온 나 그저 잊으라 하네

설날 전

저녁 무렵 바람 찼다
한낮 봄인듯하던 날씨 어느 골로 설 쇠러 갔는지 어디서는 푸지게 눈도 온다는 소식
따스한 햇살 아래서 아지랑이라도 보셨던 것일까
북쪽 신작로 바라
가득 채운 그리움 뚝뚝 떨구던 눈으로 비친 물기
시절이 그러하니 굳이
그리고 말문 막혔던

기다림이란 형극으로 가는 길목의 표지석 같은 것
그리움으로 점철된 억눌린 시간 속에
아니다 나는 괜찮다
오가는 길 옹색스러우니 안 와도 된다
마음에 없는 말
찬 바람 속에 망부석처럼 서서
보고 싶다는 말 한마디
아꼈는지 참았는지 꿀꺽 삼켜버리고

꼬리 문 차들에 찰떡처럼 달라붙던 시선 어쩌지 못하고
여들없이 새는 한숨 누르느라 또 새는 한숨

그렇게 하릴없이 서성이며 신작로를 맴돌던 아버지 기어이 어머니의 볼멘소리 듣고서야 삐걱이는 대문 밀쳤다
  물에 불렸던 밤 치다가 한숨이 났다
  지필묵 들어 지방 쓰다가 눈 짓물렀다

  지지고 볶고 쪄도
  귀신은 못 먹는 음식
  죽은 조상 핑계로 산 자손 불러 모으는 명절
  눈 침침하고 허리 꼬부라진 노인 둘
  사립문 밖 신작로에 떼내지 못한 미련 매어 두고 있구나

설날 후

아침 떡국 먹고 부산 나게 짐 꾸린 동생 내외 처가로 가고
부엌으로 간 엄니 타박이 터져 나왔다
봉다리 봉다리 싸놓은 전이며 꼬지며 식혜까지
무에 그리 급해서 다 놓고 갔노라고
명절에 친정 가는 며느리 심정 그런 거라고
괜시리 아버지 참견하셨다가
언짢은 엄니 심사 불똥으로 튀는데
처가도 기다리는 사람도 없는 신세
저절로 늙은 처지 홀로 서러워
바쁠 리 없는 마음 다그쳐 집으로 오는데
허리 굽은 엄니 차 꽁무니 매달려
늙은 자식 시린 눈으로 배웅하는데
조심하란 한 마디 부처님 전 연등처럼 매달아
아쉽고 안타까운 맘 애써 감추셨겠다
꼬리에 꼬리 문 뒤꽁무니 따라
돌아오는 내내 죄 되는데
보따리 보따리 짐 풀다 보니
꼬지도 전도 놓고 왔더라
울 엄니 텅 빈 집에서 맥없는 아버지 붙들고
고시랑 고시랑 잔소리 끝도 없겠다

찢긴 3월에

3월이 오면
아아 3월이 오면
얼어붙은 세상 환하게 녹고
가지마다 잎새마다 꽃들만 벙그러지리
그리 목맨 3월
귀끝 에이는 삭풍 날 새고
창에 성에 장막 같아서
차마 봄 아득하기만 하여라
언제 이 땅 희망가 소리
탄식 분노로 바뀌었던가
하여 척박한 대지
들풀 누렇게 말라붙고
푸른 솔 어디 가고
가시나무 잡목만 가득하런가
돼지 한 마리 잡아
망나니 춤이라도 추면
비로소 3월
꽃 피는 시절 오롯이 오려는가

詩路

수십 년 걸어왔으니 그냥 걸어가면 될 일이었다
가다 어디서 왜 한눈팔지 않았을까
한눈팔고 딴전 피우며 가는 길 맞는지 의문도 가졌었지
그래도 제법 끈기 있어서 주저앉아 포기하지 않았는데

길 잃었다
그간 딴전이나 해찰 아닌
방위 잃고 광활한 평원 가운데 선 것처럼

양 떼 지나니 양 떼 보다
낙타 지나니 낙타 보다
말 떼 지나니 말 떼 보다

저절로 가는 걸음 뒤에서
그저 멍하니 바라만 보다
걸음에 맞춰지지 않는 내 보폭
가던 걸음 엉켰다

양
낙타

말
저들대로 가듯
하늘 구름 바람 미는 대로 흘러가듯
나는 내 노래하며 내 길로 가면 될 것을

옥토끼 금토끼 내 것 아니오
다만 가슴 뛰거든
한 송이 들꽃이어도 좋으리
.
.

어느 어미의 뜻

어미는 창자 한 토막 잘라내고
무명실 한 매듭 풀어냈다
굽은 나무 몸서리쳤다
손톱 아래 흐르는 통곡 목청 잃고 마른 풀포기 헤집었다
한 귀퉁이 이겨진 달
푸른 그림자 드리울 때
먼 골짜기서 어미 잃은 어린 늑대 목청 긁었다

먼지 나는 가슴 열어 구덩이 하나 파고
짓이겨진 이름 하나 묻고서
붉은 눈물로 마른풀 걷어내야 하겠지
너처럼 그리할 수 없어서
상처 입은 영혼 하나 간절히 보듬고
진창에 묻힌 밤 서러워 몸부림치는 날들을
차마 너의 이름 부르지 못한 밤들로 견뎌
기약 없는 날 미처 하지 못한 약속 더듬어 재회 기다려야겠지

아이야
홀로 견딘 그 아픈 시간

명주실 가닥가닥 묶어 버린 내 슬픈 아이야

올올이 통곡 감춰 풀어낸 그 시간

온전히 새겨 너 기억하리니

날씨 변하고 계절 바뀌는 모든 순간

내가 부르는 너의 이름

한 풀고 그저 그리움으로만 남으렴

이제 형극 되어진 시간 견뎌 꼭꼭 채우는 그리움으로 너 보는 날

비로소 남겨둔 용서 구하련다

기쁨이었다가 미안함이었다가 슬픔이었다가 끝내는 아픔이 되어버린

끝없는 그리움으로 떠나 버린 나의 아들아

어떤 歸天

사람이 죽었다
한 귀퉁이 무너진 움막
온기 지닌 것 없었다
사내 빈한한 흔적 남겨 존재 증거 했다

망자의 과거 어느 치부책에도 기록되지 않아서
불분명한 설화들만 그의 등 뒤 머물러 수군대고 있었다
때때로 먼 동네 치정극에 관한 이야기처럼 제멋대로 부풀었다가 이내 바람 빠진 풍선처럼 쪼그라드는
심심파적에 지나지 않을 뿐

산동네 골목 가파르고 불규칙적이어서 엇박자로 자전거 끄는 발자국 소리는 간헐적으로 터지는 기침 더불어 그의 표식 되었다
깡마른 몸피로 힘겨운 걸음 걸어도 한 번도 신음소리 낸 적 없었던 것 같았다
몇 장 빈 박스 실린 자전거에 매달려 골목길 돌아드는 그는 또한 고개 드는 법 없어서
모자챙에 가린 얼굴 어둠의 영토인 듯 깊고 어두워 골목 잇대 사는 사람들을 뒷걸음질 치게 했으며 젊은 엄마들은

행여 마주칠까 기겁했고 그 또한 딱히 원치 않는 듯했다
  어쩌다 가끔 드물게 온기 띨 때가 있었는데 그때마다 그의 시선에는 뛰노는 아이들이 걸려 있었다

  비탈 맨 끝 허물어진 판잣집은 절해고도처럼 유리되어 엇박자의 발자국 소리만 힘겹게 존재 증거하고 있었다
  그렇게 그는 유령처럼 길손처럼 사람들 신경 끄트머리에 걸려있었다
  규칙적인 시간 불규칙한 울림으로 헤집던 그의 자전거
  몇 날 방치되고서 몇몇의 사람들이 그의 움막 찾았을 때
  그는 가난한 소풍 끝내고 먼 귀향에 들어있었다
  보일 듯 말 듯 미소가 걸린 얼굴 강파르게 말랐으나 그늘 없었다

  그를 수습하고 가난한 살림을 정리했을 때
  여기저기서 탄식 터져 나왔다
  그의 몸피만큼 단출한 살림 그중 손때 묻은 통장 몇 개 그리고 거기 기입된 익명의 기부 내역
  얼굴 없는 천사라 세간에 회자되던 정체가 웅성웅성 드러났다

아이들 바라 행여 뉘 볼세라 조심스럽던 미소 잔잔히 그려 놓고 그는 비로소 그의 하늘로 갔다
　환청으로 들리는 발자국 소리 그늘 자리로 선 자전거에 매달려 있는데

석순 피는 계절

비 몇 번 또 바람 몇 번
지나치는가 하더니
어디서 애타는 마음 피어 붉은가
연유로 살갗 시리다
그리다 그리다 붉어 지치면
높아진 하늘로 기러기 날겠지
부질없이 저절로 피어
기다림 또한 부질없더니
부질없다 부질없다 부리고 나면
비로소 푸르름 답이런가
한갓 꽃 한 포기
그 마음 이리 아린데
어디서 또 어느 가슴 흐트려
하늘 저리 퍼렇게 멍드는가

시절, 그리움

산 들 숨 쉬기 시작하면
나뭇짐 내려놓고
퇴비 얹어 땅심 돋우러 나섰던 할아버지
맴맴 돌던 산언저리
수십 년 누워
아지랑이 피고
참꽃 여물 때쯤
조바심 어찌 다스리는지
강파른 몸피
급한 성정에
잠도 없어
종종걸음으로 누비던 들녘
게으른 할머니 나란히 누워
겨울 눈 다 녹기도 전부터
고시랑고시랑 잔소리하시겠지
매화나무 뜰 꽃바람에
향기 날리울 냥이면
서답 모퉁이 돌아
휘적휘적 오실 듯하여
물큰 그리운 눈에

뿌옇게 흐려진 하늘만 담았네

첫눈

어제 붉은 엽서에 남긴 마음
아직 다 읽어내지도 못했는데
불현듯 칭 두드리는 몸짓 하나

너는 어느새
하얀 설렘으로 물들었더냐

옛동무 안부를 묻다

그때 징검다리 건너며 부르던 노래
우리 집 강아지였는지 달 따러 가자였는지
아슴한 기억 너머 꾀복쟁이 동무들아
지금 어느 하늘 아래서
나처럼 옛 생각 하고 있는지

손가락 걸어 약속한 가시버시
어느 굽이를 돌다 물말뚝에 걸렸는지
자꾸만 흐려지는 기억 속에서
점점이 더 아름다워지는 추억 보듬고
돌아가지지 않는 세월 건너로
소환장이라도 보내고 싶은 마음

아가야 나오너라 달 따러 가자
검둥개야 너도 가자 냇가로 가자
아직도 입가를 맴도는 가사 한 소절
그때 그 아이들 다시 불러 부르고 싶은데

모두 어디서 고향은 잊지 않았는지
앵두나무 그늘 아래서

불러보는 이름들

오메 바람들겄네

시선에 달겨드는 자태 고와서
저 이 바람이었으면 했었지
살째기 스치고 지나쳐
살곰 여운으로만

한 번이면 차마 그랬으리

또 마주한 그 모습
애써 외면한 까닭
뉘 알까 수집은 마음

퉁퉁 잊혀진 가슴 뛰고
이러다 가을바람 맞은 잎새처럼
벌겋게 익어 질 심장 두려워
내쉬는 숨 한 자락 잘게 부쉈건만

우연 잦으면 필연이드라고
이제는 우연 가장하고픈 소망

이미 새겨진 심장

자꾸만 뛰는 까닭에
그대라는 이름
다시 바람이면 좋겠네

빗방울변주곡

문득 잘 계시냐는 안부 한 줄
핑계 찾다가 빗물 젖었습니다

원래 비란 놈 그런가 봅니다

온갖 핑계로 시선 밖으로 밀쳐낸 것들
빗물에 소스라쳐 존재 확인하자 들면
매달렸던 시침에서 손 놓고
또 하나 핑계 찾아야 합니다

창밖 온갖 것 악기 되어
타악의 향연 벌이면
금세 젖어드는 눈시울 속으로
말갛게 낯 씻고 달겨드는 기억들

이유와 핑계와 그리고
그런 것들로 밀쳐지지 않는
여분의 삶들이
어매 지지미 굽는 소리로 왁자하게 달려드는 이유만으로
시침 놓아버린 충분한 핑계되어준 여유

여적지 그랬던 것처럼
안부 접어두려 합니다

꽃잎 나리던 봄날에도
낙엽 불타던 가을날에도
질정 없이 파고들던 그리움
그것들을
핑계와 이유 겹쳐서 빗소리로 녹아든 이 시점에 두기엔

또 다른 핑계로 뛰고 싶은 심장 달래
잠시 이 빗소리 적요 음미할 수 없는 까닭이고
조금은 더 빗물에 젖어야 비로소
자꾸만 태워버리려는 심장 요동 속에 온전히 새길 수 있
겠다 그런 까닭입니다

혹여 빗소리 다른 음률로 창 두드리거든
그때는 참지 못한 안부
그 때문이려니
그 노래 들어주소서

내 친구 해남

피카소를 꿈꿨었다는 해남은
끓는 동태탕이 아쉬워 막걸리병을 들고 온 해남은
감춰둔 그리움 서툴게 꺼내 유리컵에 따루었다
캔버스 한 폭에 다 담지 못 한
혼이 떠돌다
탁한 술 한 모금으로 꿀떡이며 넘어가는 그 목젖이 붉게
일어서는 것이 시려 눈시울이 아렸다
잠들지 못하는 그의 밤에
현실의 무게에 짓눌려 나는 저 깊은 고독 외면했구나
그리고 발바닥 적시지 못할 고뇌로 허우적대느라
친구라는 이름의 부름을 모른 척했구나

쉬이 오는 봄은 없는 법이라서
매화향에 취한 바람 중국산 미세먼지와 헐벗고 날뛰는
골목으로
홀로 선 백목련 잎새 속절없이 지는데
어느새 코끝 벌게진 벗네 한 음 올라선 목소리

피카소도 보들레르도
제과점 빵 이름 같은 나로서야

저 속에 담긴 예술혼 아득하기만 하여서
한 마디가 차마 깊어서 아는 체도 못하고
꺼내 놓은 이야기에 묻어나는 취기만 안 쓰러이 바라보는데

고흐도 이중섭도 그리고 아파하는 이 봄도
그리하여 환하게 피어났으매
벗네야
너의 혼도 언제든 그리 피리라는 말
물끄러미 시선에 담아 그랬네

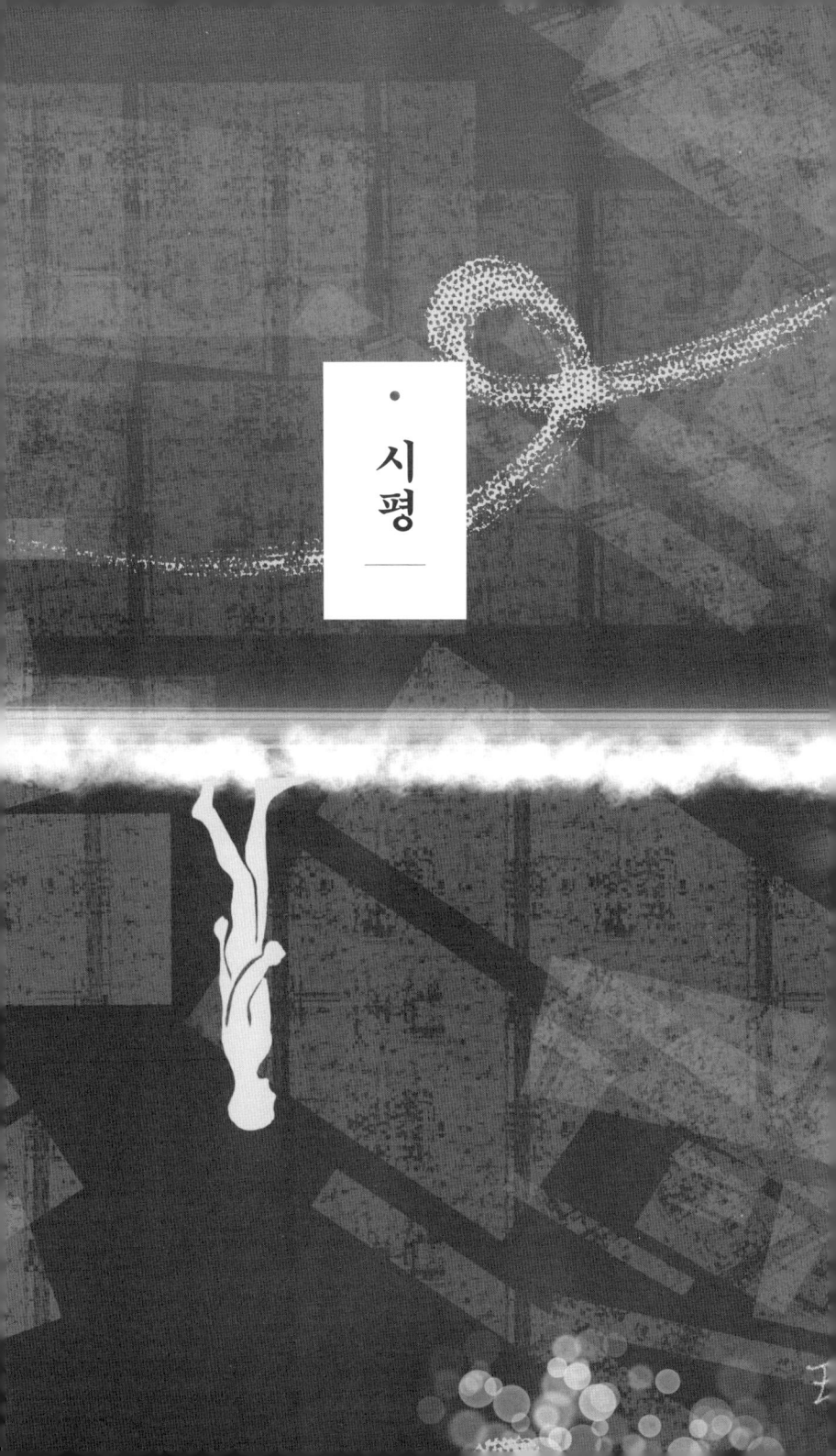

시평

되돌아갈 수 없는
생의 변곡점(變曲點)에서

노준섭 시인의 네 번째 시집
『길섶에서 마주친 이야기』를 읽고

시인, 문학평론가, 수필가 김부희

가. 들어가며

 시집 한 권 내기도 벅찬 시간이다. 보통 한 권의 시집 속에 80여 편의 시가 들어간다고 가정해 보면 대략 300~400편 정도를 독자에게 혹은 내게 심연의 시간을 고민한 흔적을 고해성사하는 것과 같다. 시 한 편을 쓰는데 퇴고까지 열흘 정도 걸린다고 계량해 보면 4,000시간, 하루 24시간으로 환산하면 166일이라는 시간이 걸린 셈이 된다. 이것도 아주 보수적인 관점에서 계산해 본 것이며, 퇴고 및 시의 주제, 구성, 문제, 구도, 성찰의 시간까지 고려하면 대략 시집 4권을 내려면 아무것도 하지 않고 오로지 시만 1년을 꼬박 책상에 앉아 써야 가능하다는 계산이 나온다. 마치 직장인이 월급을 받아 한 푼도 쓰지 않고 10년을 모아야 1억이 될까 말까 한 현대사회. 과연 시집 4권을 저술

하고 판매하여 시인이 1억을 벌었을까를 생각해 보면 전혀 아닐 것이다. 도리어 1억 이상의 계산상 손실(심력, 시간, 생각, 고민 등)이 발생하였을 것이다. 그런데도 불구하고 우린 계속 시를 쓴다.

  노준섭 시인의 2, 3번째 시집의 서평에서 필자는 이런 말을 했다. "시인 노준섭의 시는 눈으로 읽는 시가 아니다. 가슴으로 읽는 시편이라고 하면 적절한 해석이 될 듯하다. 우주와 철학이라는 무거운 주제를 생활과 삶이라는 단순한 일상에 대입하여 사람이 살아갈 도리와 정답에 대한 고민을 같이하게 만드는 것의 노준섭 시인의 특징이다."라는 말을 했다. 시쳇말로 가볍게 이야기하면 돈도 되지 않는 시라는 장르를 붙들고 마치 수행하는 선승의 화두처럼 끊임없이 생각하고 성찰하고 되돌아보며 시인이 살아온 길에 대한 반성과 차마 하지 못한 이야기들과 스스로도 깨닫지 못한 무의식에 잠재된 삶의 저변에 대해 어느 날 불쑥 막대사탕 내밀 듯 독자에게 내미는 스타일의 시인이라고 하면 맞을 듯하다.

  시는 한마디로 정의할 수 없는 문학 장르다. 소설과 달리 픽션과 논픽션의 경계를 넘나드는 것이 아니라 진실에 기반한 진솔한 자기 언어의 독백이며 고백이다. 한 갑자 이상을 살아오면서 얼마나 많은 번뇌와 얼마나 많은 억울함과 못다 한 이야기가 우리 속에 존재하는지 누구도 알 수 없을 것이다. 그 모든 상황과 매개변수에 대하여 그저 지나치고 말면 될 것을 다시 고민하고 생각하고 정진하는 모습이야말로 일종의 구도자와 같은 모습이다. 그림자는 응달에 들어가면 잠시 안 보이지만 양달로 나오면 늘 그렇듯이 내 곁에 존재하는 나의 또 다른 실루엣이다. 시는 시인에게 있어 그림자와 같은 역할이다. 잠시 안 보일 수는 있지만 그렇다고 존재하지 않는 것이 아닌, 늘 사변의 언저리에 나와 함께 존재하는 데미안과 씽클레르와 같은 무의식과 유의식의 융합인 것은 부정할 수 없는 사실이다. 유명한 철학가의 말이 생각난다. "나는 생각한다. 고로 나는 존재한다." Descartes라는 프랑스 철학자의 말이다. 이 문장은 그의 철학서에 등장하며 그의 의심 주의 철학의 중요 구절 중의 하나이다. 이 말에 대해 좀 더 부연 설명하기 위해 영어로 바꿔쓰면 'I think, therefore I am'이라는 말이 된다. 정리하면 인간의 존재 이유와 특성에 대한 철학적 고찰의 말이 된다.

살다 보면 많은 이유에서 생각조차 하기 싫은 일들이 부지기수다. 사실 그 모든 것을 생각하고 판단하고 되짚어 본다는 것 역시 생산적인 일은 아닐 것이다. 하지만 사람이라면, 생각함으로 존재하는 사람이라면 그 생각과 존재에 대해 늘 의심하고 경계하고 성찰할 필요가 있는 것이다. 사람은 현재를 사는 것과 과거를 포용하는 것과 미래를 품고 있는 다변화된 시간적, 공간적 요소를 동시에 한 몸에 지닌 유일한 포유동물이라는 것이 지배적인 학계의 의견이다. 지금 보이는 저 별빛은 수백 년 혹은 수천 년, 수만 년 전의 별빛이 지금 내 눈에 도달해 보이는 것이라면 그 별빛은 아직 살아있는지, 혹은 여전히 그 별이 존재하는지 우리는 모른다. 태초의 빅뱅 이후에 우주는 팽창을 거듭하고 있고 지구는 우주의 어느 점으로 계속 돌진하는 중이다. 느낄 수 없고 만질 수 없기에 판단하지 못할 뿐, 과거, 현재, 미래가 혼용된 공간 속에서 우리는 사는 것이다. 그 모든 우주의 섭리와 운행을 모두 깨우치지 못하는 것이 인간이라는 단순한 동물인 것이다. 하지만 '생각'은 이 모든 '동물'의 단계를 뛰어넘는 동기부여를 한다. 섭리는 철학 가운데 존재하는 것이다. 노준섭 시인의 작품은 눈으로 읽는 것이 아닌, 가슴으로 읽는 시라고 말했다. 중요한 말이다. 눈으로 쓱 읽고 지나가면 남는 것은 잔상일 뿐이다. 가슴으로 읽으면 남는 것은 울림이다. 내 안의 어느 곳에 자리 잡은 서정, 혹은 반성과 같은 것들에게 경종을 주는 새벽예불의 종소리와 같은 너울성 소리의 연속인 것이 노준섭 시인의 특징이며 차별화된 문장의 근간이 된다는 것을 네 번째 시집 「길섶에서 마주친 이야기」를 읽고 다시 한번 알게 된다. 현대 사회는 독자와 시의 간격이 점점 벌어져 있다. 시를 쓰는 사람은 많아도 시를 읽는 사람은 줄어드는 기이한 현상. 한 번쯤 생각해 볼 문제다.

물론 시각화, 감각화에 익숙해진 현대사회라는 진단도

가능한 병명이 될 수 있다. 바쁜 시간에 시 한 편 읽고 생각하는 것보다 핸드폰의 뉴스와 유튜브의 해설 등을 귀로 듣는 것이 시간도 절약되고 더 유익할 수 있다. 하지만 시는 뉴스나 해설이 아니다. 정치적인 반론과 위증이 아니다. 트럼프가 대통령이 되고 나스닥이 끝 모를 곳까지 상승하는 것도 아니다. 시 한 편이 고등어 반찬과 같이 저녁한 끼를 충족해 주는 것도 아닐 것이며 시 한 편이 달콤한 귀엣말을 속삭여 주는 것도 아니다. 하지만 모든 세상의 이치와 섭리를 일종의 계량화된 수치로 이해타산의 주판을 굴리면 정작 중요한 것을 놓치게 마련이다. '서정'이다. 세상을 살면서 인간답게라는 말을 자주 하게 된다. 가장 인간답게에 가까운 말은 인간적이라는 말이다. 비슷하지만 개념이 전혀 다른 말이다. 때론 일부러 손해 보거나 때론 일부러 져주는 것이나 때론 내가 가장 낮아지는 것 등이 모든 인간답게에 해당하는 말일지도 모른다. 이런 행위들에 수반하는 것은 우리 민족의 가슴에 오래전부터 함께 해 온 '서정'이 뒷받침되어야 한다. 각박이라는 타이틀을 달고 경쟁사회의 낙오자가 되지 않기 위해 새벽부터 뛰는 우리에게 서정이 없다면, 마치 사계절에 가을이 없는 것과 같은 이치다. 뜨거운 여름과 혹독한 겨울만 존재한다면 우리는 어디에서 단풍을 만나고, 어느 곳에서 마음의 평안을 찾을 것인가. 태양만 피해 다닐 것인가? 아니면 태양만 쫓아다닐 것인가. 시는 사람에게 그런 존재다. 비록 현실성이 부족하다는 말을 들을지언정 시 한 편의 무게에 나를 맡기고 싶을 때가 있는 법이다.

  노준섭 시인의 2, 3번째 시집 속 필자의 서평 소제목은 「소회 所懷, 단상 斷想 그리고 詩的 형상의 미학 美學」이다. 다시 생각해 본다. 이 세 단어 속에 삶이 모두 들어가 있다. 또한 그 삶에 대한 표현의 방법도 '형상화'라는 것에 초점을 맞춰 들어가 있다.

  필자가 늘 강조하는 것은 우리는 시인의 프로필이나 문학상을 수상한 것이나, 어느 대학 어느 박사를 취득했는지를 보는 것이 아니다. 시는 나와 내 주변의 보통 사람의 이야기, 평범한 사람의 이야기, 평범해진 사람의 이야기와 평범해질 사람의 이야기를 주고받는 것이다. 시는 죽은 생명에 새로운 생명을 입히는 것이다. 투박한 질감의 캔버스에 지금 눈에 보이는 풍경과 풍경 너머에 존재하는 풍경의 생각을 덧입히는 것이다. 노준섭 시인의 시를 읽으며 과연 시인이 길섶에서 마주친 이야기들이 어떤, 무슨, 이야기들인지 되새김질해 보자. 한 번쯤 시인의 혜안에 나를 맡겨보는 것이다. 이 가을의 깊은 무저갱에서 한 줄기 빛을 내게로 끌어당기는 일을 해 보는 것이다. 그것이 시가 대중에게 필요한 이유이며 대중이 시를 사랑하는 이유가 된다면 좋을 것이다.

나. 들여다보기

이 사과 먹어봐요
여인의 붉은 입술 나비 같다
붉은 나비 본적 없는데

숨결 뜨겁다
여인의 거짓 아름답다고 느꼈다
그리고 이내 거짓 아니라고
이유 찾기 시작했다

낙원 그렇게 멀어졌다
여인 입술 붉은 까닭으로

붉은 입술 토해낸 숨결
거부할 힘이나 능력 애당초 주지 않았다
소돔의 성에서 일어난 행위
결과가 예측되었다손 멈추었을까
지옥불 등에 지고도 붉은 입술의 유혹 거부하지 못하는 이유
여인 내뿜는 숨결 유황불보다 거센 까닭

또한 그로하여 인류 존재하는

다만 존재하는 것 모두 나름의 이유와 가치 지니듯

그것이 주어진 까닭

존재의 또 다른 이유

이 사과 먹어봐요

붉은 입술 불 머금은 나비 같다

거짓 말하는 입술에 기꺼이 속은 나는

낙원을 나선다

모든 것을 던지고 낙원에서 쫓겨나

비로소 사람이 된다

―「失樂園」전문

   실낙원이라는 말은 영국의 시인 존 밀턴이 지은 서사시의 제목이다. 에덴동산에서 쫓겨나는 아담과 하나님에 대한 반항을 주제로 삼고 있는 작품이다. 주요한 주제는 하나님의 섭리가 인간에게 합당하다는 것을 말하고 있다. 작품을 분석하기 위해 실낙원에 대한 장황한 소개는 어울리지 않을지도 모르지만, 노준섭 시인의 실낙원은 존 밀턴의 실낙원과 매우 흡사한 주제 의식을 갖고 있기에 부연 설명을 했다. 작품에서 시인은 여인 입술 붉은 까닭에 낙원이 멀어졌다고 한다. 뱀의 달콤한 유혹보다, 여인의 붉은 입술에 더 좃점을 맞추고 서술했다. 작품은 지속적으로 '여인'에 대한 책임 혹은 타고난 마성적인 매력으로 인하여 모든 실낙원이 시작했다는 말을 하고 있다. /여인 내

뿜는 숨결 유황불 보다 거센 까닭/ 역시 그런 글의 맥락에서 이루어진다. 그러면서도 아이러니하게도 그것 역시 일종의 섭리, 하나님의 합당한 섭리하는 시인만의 느낌으로 존 밀턴의 주제와 맥을 같이 하고 있다. /존재의 또 다른 이유/라면서도 기꺼이 그 거짓말에 속은 나는 낙원을 나선다며 자기변명을 하고 있다. 중요한 것은 기꺼이 속은 나라는 존재다. 나라는 존재는 이데아적인 물상의 형이상학이 아닌, 비로소 사람이 되는 것을 꿈꾸는 보통의 사람으로 되돌아간다는 것이다. 정호승의 작품 '이별 노래'에서처럼 /그대의 뒷모습에 깔리는 노을이 되리니/와 행간을 맞춘 형태가 된다. 낙원이란 것은 모두의 낙원이지만 내게는 그 낙원이 낙원이 아닐 수도 있다. 그건 반항이 아니라 삶의 방점이다. 기준치의 설정과 변화와 변화에 대처하는 한 인간의 저렴한 고백일 수 있다는 점이 시를 매력적으로 보이게 한다. 공통분모라는 말보다 교집합이라는 말을 선호한다. 일부는 겹칠 수 있지만 결국 나는 '나'라는 존재의식에서 결론 맺어지는 것이 인생이다. 당신의 정답이 내게 오답이 될 수 있듯, 실낙원은 더 이상의 이데아로서의 존재감을 상실하고, 여인의 여인의 존재감을 상실하고 나는 나로 되돌아간다는 발상은 시인다운 발상이다. 최소한 인간적이라는 생각을 들기에 가장 먼저 이 작품으로 시인의 기질을 판단해 본다.

휘파람 불어주세요
말간 시선 매단 앙징맞은 입술 나비 같다

먼 기억 모퉁이 돌다 놓아 버렸는지
계절 까마득한데
물방울처럼 터지던 웃음
너의 기억 어찌 그리 밝은가

무에 그리 고파서 청춘 날마다 갈증이었다
푸름은 푸름 그를 위하여 날마다 신열로 타올라야 했기로
밤마다 별빛 바다 헤집어야 했고
그로하여 갈피 없는 매 순간에게 나름 의미 부여하기도 했다
찬란함 속에서의 미로 그런 까닭으로 더욱 난만했고
길 잃은 영혼의 방황 모든 것이 간난 했다

휘파람 불어주세요
시선 깊이 공허 감춰 두고 파리한 입술
장다리꽃 찾아 나는 배추흰나비 같이

봄은 덤으로 오는 계절이 아니다
지독한 성장통 겪고서야 비로소 책임 부여되듯이
불현듯 나타난 미소 아득한 이유

바람 한 줄기 마른 가지에 머문다 하여
비로소 봄 아닐지라도
시새운 칼 끝에서 두렵지 않은 빌미 되리
하여
나풀나풀 가녀린 주문 하나
휘파람 불어주세요

너는 봄
그로하여 환하게 일어서는

— 「너의 주문」 전문

 주문이라는 말은 주술적 표현이다. 주술은 민간에서 행하는 일정의 토템이즘 적 신앙에서 비롯된 의식이며 제례이며 축원이라는 말과 동의어일지도 모른다. 주문을 왼다는 것은 도달하지 못한 어떤 행위 혹은 결과를 같은 말을 반복하며 도달하게 해 달라는 기원과 같은 것이다. 시인은 본문에서 휘파람을 주문이라는 말과 병치하여 사용한다. 휘파람. 가볍게 입술을 모아 부는 것. 도구가 필요 없는 몸으로 내는 악기 소리 중 가장 경쾌하며 전달력이 높은 주문이다. 대상이 없이 휘파람을 불어달라는 것을 반복하고 있다. 대상이라는 것은 대상이면서도 대상이 아닌 비형상된 목적물이다. 대상은 청춘이며, 대상은 미로이며, 대상은 비로소 봄이 아닌 어떤 것이며, 그로인해 나풀나풀 가녀린 주문 하나가 나를 봄으로 이끈다. 휘파람 하나로 너는 봄이 되고 봄이 된 너로 인하여 환하게 일어서는 나. 휘파람은 우주의 운행이 만들어내는 섭리 가운데 가장 높은 재촉음이며 삶을 일으키게 만드는 환상력을 일깨우는 소명의식과 같은 주술의 한 단계가 된다. 비로소 봄은 아닐지라도 봄은 그렇게 나를 재차 깨우는 주문을 건다. 휘파람을 불어주세요. 불현 듯 나는 내게서 일어나 봄의 끝자락을 밟고 봄의 시작이라고 나를 재촉한다. 여인인 듯 여인이 아닌, 봄인 듯 봄이 아닌, 너의 주문은 마성에 깃들어 세상 만물을 외롭거나 서럽지 않게 만든다. 작품이 하는 말이다.

 귀동 아저씨 부고 가족 톡에 올랐다
 여든일곱 아버지 가슴 훑었을 바람 활자 틈 헤집었다
 이제 아버지 고물차에 함께 점심 마실 갈 누구도 없이
 낫처럼 굽은 할매들만 남은 동리
 뒷 도랑 갈라 터진 입술 아려 노래 멈췄다
 땡볕 기운 자리에 앉아 재탕 우린 인삼주 유리잔에 따르고
 아버지 시선 텅 빈 허공 헤집었다
 탄식 같기도 한숨 같기도 한
 꼬리 긴 숨소리 잘린 앵두나무 밑동 맴돌다 스러지고
 독한 술에 설 우려진 삼 냄새에 취한 아버지 두 눈으로 익은 해 뛰어들었다
 오래오래 사세요

거스름돈 쥐어주듯 던져진 안부 인사 한 마디
그리움 고파 앵두나무 베어낸 늙은 가슴으로
외로움 부채질하는 그 한 마디
고랑 깊은 골로 한 방울 서글픔으로 흘렀다

―「訃告를 듣다」 전문

　나이 들수록 부고장이 체납 고지서처럼 쌓인다. 갈 곳과 인사만 할 곳과 모른척할 곳을 구분하는 것은 어려운 일이다. 모두 다 가야 할 곳이다. 아버지와 친했던 아버지 아는 분의 죽음과 부고장. 인생을 마무리 짓는 것은 달랑 부고장 하나뿐이다. 아버지는 이제 고물차를 타고 같이 점심 먹을 사람이 없다. 올해 돌아가신 내 아버지가 생각난다. '아버지 이제 친구들도 만나고 그러세요!' 대답이 한마디다. "다 죽었어." 누가 있기에 만나고 술 마시고 한탄하고 정부를 욕하고 칭찬하고 너스레를 할 것인가? 그런 아버지를 바라보며 거스름돈 쥐어주듯 던져진 안부 인사.

　외로움을 부채질하는 그 한마디 인사인 줄 알면서도 던질 수밖에 없는 인사. 삶이란 그런 것이다. 거스름돈 쥐어주듯 인사를 드리고 나온다. '밥 먹었니?' '언제 밥 한 번 같이 해' '다들 잘 지내지?' 그래본들 결국 외로움만 부채질하는 인사에 불과하다. 자식의 입장에서는 더욱 그러하다. 어쩌다 거는 전화 한 번의 통화 시간이 1분이 되려나? 더 할 말도, 나눌 말도, 들을 말도 없다. 다만, 아들은 잘살고 있소, 아버지는 잘살고 있다. 그 말에 살을 붙이고 가지를 더한 것이 1분이다. 나도 아버지인데, 아버지가 될 것인데, 나도 1분짜리 통화하는 아버지인데. 알면서도 불쑥 들려온 부고장 앞에 우두커니 서있는 아버지의 모습이 그렁 그렁하다. 내 모습이기에 아프다. 갈수록 줄어드는 농촌 인구문제, 사회 문제, 휴머니즘을 생각할 수 없는 이 세태가 과연 바른 것인지 내가 내게 반문하고 싶다. 오래오래 사세요라는 말이 과연 좋은 말인지 나쁜 말인지 알 수 없다. 시인의 가정 이입은 이렇게 우연히 만들어지는 소나기와 같은 것인가 보다. 부고장 하나에 1년이 더 당겨진다고 한다. 살 날 1년이. 비슷한 맥락에서 또 다른 작품 「인연의 무게」에서 시인은 말한다.

> 한 겹의 인연 고리로 엮이고
> 고리는 사슬 되어 치렁거렸다
> 뉘라서 의도하였으리
>
> 인생이란 본디 푸른 달빛처럼 외롭다 하여도
> 배면으로 얽힌 인연으로 하여
> 끝내 홀로이지 못한 여정
>
> ― 「인연의 무게」 중에서

끝내 홀로이지 못한 여정이라는 말을 한다. 홀로지만 홀로이지 못할 여정. 아버지의 여정이 그렇고 내 여정이 그렇고 내 자식의 여정이 그렇다. 결코 홀로이지 못할 여정을 살면서 우리는 인정하지 못하고 우리라는 착시를 갖고 살게 마련이다. 두 작품의 근간에서 귀결 되어지는 것은 '아프다'라는 말이다. 인간이기에, 사람이기에, 그리고 그것이 삶이라는 싫은 방정식이기에 더욱 그렇다.

    겨울 은행나무
    노란 사연들로 가을 떠나보낸 가지 위
    헐벗은 둥지 하나
    이별인사 없이 허물어진 동네 초가처럼 앙상하다
    빈 가지로는 바람도 오래 머물지 않아서
    스쳐간 자리마다 관절 시린 아우성만 진저리로 남고
    딱히 기대할 기별 따위
    한적함은 적요 속에서 목마름으로 뒤척이지만
    일말의 근심도 없다

    마른 가지 하나
    우듬지 곁으로 비켜놓아 터 잡을 때
    가지마다 번져가던 연녹의 새움
    어느 마당에는 차일 쳐지고

    파란의 시간 위로 녹음 더욱 짙어
    어느 사립문 위로 금줄 걸리고
    아기새 깃털 여물어짐으로 날갯짓 더욱 고됐다

안다는 것은
결정을 담보하는 것
비극의 시나리오 받아 든 배우처럼
묵묵히 준비하는 시간
그럼에도 천 번의 연습으로 한 번의 실행은 감당하기 버거운 것

고샅 뛰노는 아이들의 왁자함 따라
튼실해지는 날개
잎새 푸르다 지쳐 바래지는 시간마다 사연 담고
언제 돌아볼 겨를도 없이
단 하루 숨 가쁘게 퍼덕였을 뿐
딱히 무슨 연유로 이별 준비했을까

하나 가르쳐주지 않아도
애써 외면했을 뿐
잠시 머무를 슬픔 뒤로
둥지는 비어지리라는 사실

고샅으로
술래 된 바람만 헤집다 가고
잎 진 나무 끄트머리
헐거운 둥지로 달빛 새어 나겠지

— 「둥지 연대기」 전문

둥지는 내가 자라고 난 곳이며, 어느 정도 살아갈 준비를 하는 곳이다. 하지만 둥지는 포근한 곳이지만 언젠가 떠날 수밖에 없는 한계점을 갖고 있다. 달도 차면 기우는 법. 더 이상 둥지가 둥지가 아닌 정류장이 된다면 둥지 밖의 나는 둥지 속의 먼 이야기들에서도 멀어지게 된다. 그러다 어느 날 불쑥, 어떤 시절의 둥지 속 이야기들을 꺼내 읽다 보면 눈시울이 촉촉해진다. 그때는 몰랐던 이야기들이, 생각들이, 배려와 나눔이, 이제야 그것을 생각할 나이가 되니 유시화 시인의 책 제목중 일부처럼 지금 알았더라면 이라는 후회와 회상이 나를 멈추게 한다. 시인의 나뭇가지 위에 헐벗은 둥지 하나를 보면 유년의 자신을 생각해 본다.

둥지 밖의 지금, 둥지를 보니 그렇다. 바람도 오래 머물지 않는다. 딱히 기대할 이별 따위라는 말을 한다. 따위라는 말은 부정적이다. 아니 어쩌면 체념에 가까운 언어인지도 모른다. 따위라는 말은 보상적이다. 자기 보상적인 단어에서 위안을 얻는 것은 사람의 속성이다. 그 회상의 언저리에서 시인은 말한다.

자기 위안을 하면서 한마디 덧붙인다. 안다는 것은 결정을 담보하는 것이라는 말을 한다. 둥지 밖이 어떻다는 것을 알면서도 그 결정을 담보해야 실행할 수밖에 없는 행위. 어쩌면 모든 인생이 그 범주 속에 들어있는 듯하다. 결정을 담보하기까지 숱한 번민의 시간이 지나갔을 것이며, 둥지 밖의 소외감과 경쟁에 지쳐 어느 날 빈 둥지를 바라

보았지만 결국 보이는 것은 바람도 오래 머물지 못하는 나무 가지 위의 허름한 둥지 한 채. 화자 자신도 알 수 없는 이별의 동기와 둥지는 이내 비어질 것 이라는 사실 사이에서 추레한 자신의 모습을 발견하고 흠칫 놀라는 시인의 모습에서 우리는 무얼 알 수 있을까? 시제가 둥지가 아닌, 둥지 연대기라는 것에 잠시 눈을 돌려본다. 시간적 관계를 결정하고 사건들을 일어난 순서대로 배열하는데 쓰이는 말이다. 일종의 전승이며 일종의 가계도며 일종의 내력이며 일종의 관습이다. 따를 수밖에 없는 삶의 관습들. 그것에서부터 시인의 독백은 낮은음으로 노랠 부른다. 결국 산다는 것은 알면서도 둥지를 떠나는 일이라는 체화한 진리를 우리에게 고백하고 그 고백이 울림 준다. 시가 그런 것이다.

    기다림 놓아버린 빈 역사 기와 위로
    석양 부서져 날렸다
    이별 배우지 못한 참새
    동백 울타리 넘나들며 짓이 나고
    역마당 철길 넝쿨장미 시선에 목마르다
    오래된 벚나무 호위병처럼 늘어서서
    녹슨 기찻길 흔적 더듬다 지치는데
    어미품 떠나려는 딱따구리
    호기심 그득한 시선 번잡하다
    온종일 하늘길 걸어온 해

서산에 걸려 발간 얼굴로 아쉬운 인사 하는데
전년의 기억 더듬다 그리움에 빠져버린 객
철길 더듬어
갈 수 없는 나라
아이 날리는 연 꼬리에 매달려
행여 그리하면 닿을 수 있을지
부질없는 상념에 목마르다
침목 하나마다 그립다 적어
행여 기적 울리는 어느 날이어든
꼬리 긴 기적에 그 마음 날러나 봤으면
모든 것이 아쉬운 시각
아쉬움조차 내어놓기 더 아쉬워서
입안에 쌉싸름한 버찌 내음 가두고 길로 나섰다

—「서도역에서」 전문

　　서도역은 남원에 있는 역이름이다. 1932년도에 준공하여 2002년에 2대 역사로 다시 리뉴얼한 역이기도 하다. 일설에 의하면 대한민국에서 가장 아름다운 간이역이라는 별칭이 붙은 역이기도 하다. 하지만 아쉽게도 인구의 소멸과 여러 이유로 인하여 2008년 7월 1일부로 무배치 간이역으로 격하되었다. 폐역이 되었다는 말이다. 지금은 남원시가 인수하여 공원으로 조성된 제법 긴 역사와 풍광을 가진 아름다운 역이다. 시인의 서도역의 어느 날을 회상하고 있다.

갈 수 없는 나라, 닿을 수 없는 인연, 쫓겨날 수밖에 없는 에덴의 아담. 둥지의 연대기 모두가 한 궤를 타고 있다. 시인이 길섶에서 만난 이야기들은 어린 날의 이야기들이다. 회상의 이야기이며, 품에 안고 뒹굴고 싶은 이야기들이며 세상의 변화에 초연한 이야기 들이며, 그러한 모든 회상이 부질없는 상념에 목마른 자신을 샅샅이 관찰하는 중이다. 왜? 귀결점은 하나다. 갈 수 없는 나라이기 때문이다. 내가 태어났지만, 내가 자랐지만, 내가 보았지만, 나를 품어주었지만 이제는 갈 수 없는 나라가 된 곳. 그, 아련한 그리움을 시로 노래하는 것이다.

모든 것이 아쉬운 시각이라는 말이 아릿하다. 중년을 넘어 환갑을 지난 나이에 되돌아보니 온갖 후회와 상념이 나를 붙든다. 더 아쉬울 것도 없다고 생각했는데, 헤아려보니 아쉬운 것 투성이라는 말에 공감이 간다.

산다는 것이 그런 것인지도 모른다. 지나간 모든 것에 대하여 갈 수 없는 나라의 입국 허가서를 위해서 아등바등해도 결국 나오지 않을 것을 알면서도 궁극의 나는 궁극의 네게 다가가도 싶은 것이다. 아무리 현대 시문학이 발전하고 진화를 거듭해도 나는 여전히 정지용의 「향수」와 박인환의 「목마와 숙녀」를 좋아한다. 들판에 일하는 발 벗은 아내와 3류 여류 잡지가 지금은 없기 때문이 아니다. 내가 나고 자란 곳이 바로 그 지점이기 때문이다.

다. 맺으며

몇 편의 작품으로 시인의 시 세계를 알 수 없다. 단언컨대 시인을 알기 위해서는 그가 펼친 모든 작품을 낱낱이 읽는 것이다. 시인의 정신세계와 시인이 시각화한 물상의 제 법칙에 맞는 옷이 내게도 맞는 옷이 되기 위해 독자에게는 읽어 줄 책무가 있는 것이다. 시가 독자와 멀어진 것은 시인과 독자 모두에게 책임이 있다. 읽을만한 시를 써야 하고 그걸 읽어 주는 눈이 필요하다. '얼죽아'라는 말로 포장하지 말자. 얼죽아 두 잔 값이면 시집이 한 권이다. 잠시 시원한 것과 오랫동안 영혼이 맑아지는 것을 선택하라면 과연 우리의 선택지는 어디일까? 아주 가끔은 속는 셈치고 시집 한 권 읽어보자. 11월이다. 늦가을의 말미에서 노준섭 시인의 시집 「길섶에서 마주친 이야기」를 귀 솔깃하게 듣고 지친 내 영혼을 잠시 정갈하게 만들어보자. 그것이 옳다. 구태한 말이지만 널리 사랑받는 귀한 시집이 되길 원하며 친구 노준섭 시인의 장도에 축하를 보낸다.